Eva-Maria Götz
Gesine Wolf

Perser & Co.

Langhaarkatzen und Exotic Shorthair

57 Farbfotos
30 Zeichnungen

Heimtiere

Ulmer

Inhaltsverzeichnis

Vorwort 4

 **Die Rassen** 6

Was ist eine Rassekatze? 6
Ausstellungsstandard 8
Perserkatze 10
Colourpoint-Perser (Himalayan) 14
Exotic Shorthair 17

Kauf eines Langhaarkätzchens 20

Der Züchter 22
Wie leben die Katzen beim Züchter? 23
Warum ein Rassekätzchen Geld kostet 27

Vom Katzenkind zur erwachsenen Katze 28

Das Kätzchen kommt: Vorbereitungen 28
Junge Katzen brauchen Erziehung 35
Perser und Exotic drinnen und draußen 40
Körperpflege der Langhaarkatze 46

Urlaubsplanung 50

Die Katze fährt nicht mit 50
Die Katze geht mit auf Reisen 52

Ernährung und Gesundheit 56

Was braucht der "Jäger" Katze? 56
Nahrungsmittel für Katzen 58
Wann, wie oft, wie viel? 64
Gesundheitsvorsorge 65
Impfplan 69
Krankheiten 71

Züchten, Genetik und Ausstellung 72

Fünf wichtige Fragen zuvor 72
Ohne Genetik geht es nicht 78
Zuchtplanung 86
Gene für Felleigenschaften und Farben 92
Die Farben der Perser und Exotic Shorthair 98
Die Katzenausstellung 103

Vereine, Adressen, Literatur 108

Dachorganisationen der Zuchtvereine 108
Literatur 108
Bildquellen 109
Danksagung 110

Register 111

Vorwort

War die Angorakatze die Vorfahrin unserer heutigen Perserkatze? In Meyers Konversationslexikon, vierte Auflage von 1890, steht über Rassekatzen:

"Eine schöne Rasse ist die sogen. Angorakatze (*Felis domestica angorensis*), mit langem, seidenweichem, weißem, gelblichem oder gräulichem Haar, auch bunt, mit fleischfarbenen Lippen und Sohlen. Sie gilt als faul, aber auch als besonders klug und anhänglich. Über ihre Abstammung ist nichts Sicheres bekannt."

Der Italiener Pietro della Valle soll im 17. Jahrhundert im persischen Chorassan die ersten Langhaarkatzen gesehen und von dort in seine europäische Heimat mitgebracht haben. Vor 30 bis 40 Jahren wurden bei uns Perserkatzen oft auch als Angorakatzen bezeichnet. Über lange Zeit war wahrscheinlich die Perserkatze die einzige „Rassekatze", die wirklich jeder kannte. Selbst heute – es inzwischen 40 bis 50 Katzenrassen – wird der Mensch auf der Straße die Frage, welche Katzenrasse er kenne, spontan beantworten mit: „Perser" und vielleicht noch: „Siamkatze".

Die Siamkatze hat nie die Beliebtheit der langhaarigen, ruhigen Perserkatze erreicht. Diese beiden Katzenrassen sind nicht vergleichbar – sie sind so gegensätzlich wie Feuer und Eis! Die eine ist laut, die andere still, die eine ist agil und lebhaft, die andere sanft und unaufdringlich. Die eine hat ein kurzes, eng anliegendes Fell, die andere sieht aus wie ein Traum aus weichem, duftigem Haar. Entsprechend findet auch jede Katzenrasse ihre Liebhaber, die ihre individuellen Eigenschaften zu schätzen wissen.

Kaum eine andere Katzenrasse und ihre Abkömmlinge gibt es in so vielen Farben wie die Perserkatze. Man hat ihr das Kleid der Siam und der Orientalischen Katzen übergezogen, man hat ihr Handschuhe und Socken gegeben oder sie ins bunte Harlekinkostüm gesteckt. Züchter haben der Perserkatze ein kurzhaariges Pendant zugesellt – die Exotic Shorthair. Das lange Perserhaar verlangt sehr viel Pflege. Der Wunsch war eine Katze, die das geliebte Puppengesicht der Perser hatte, deren Fell aber nicht so aufwendig in Ordnung gehalten werden muss. Die Exotic Shorthair verbindet ein pflegeleichtes Fell mit dem runden, flachen Gesicht, dem gelassenen Temperament und dem Spiel der Fellfarben ihrer Perserverwandten.

4

Katzen waren schon vor undenklichen Zeiten Begleiter des Menschen und verehrte Gottheiten in manchen Zivilisationen. Sie nutzten dem Menschen, weil sie Ungeziefer in Schach hielten. Das tun sie heute als Rassekatzen nicht mehr. Unsere samtpfotigen Heimtiere, von denen die meisten als Wohnungskatzen leben, nützen uns auf eine andere Weise. Sie machen uns Freude, sie übernehmen in unserer anonymen und beziehungsarmen Zeit eine Rolle dabei, einsame Menschen und Kranke vor dem Gefühl des Alleinseins zu bewahren und sie ersetzen uns ein Stück Natur.

Trotz teils extremer züchterischer Veränderungen sind alle Rassekatzen zum Glück richtige Katzen geblieben, mit ihrem anschmiegsamen und doch geheimnisvollen Wesen, aber auch mit ihren spezifischen Anforderungen. Wenn sie ein katzengerechtes Leben führen sollen, kostet uns das viel Zeit und auch Geld. Geld für gute Ernährung, tiermedizinische Betreuung, Mitgliedschaft in Vereinen, Investitionen für eine kletter-, kratz- und kuschelfreundliche Ausstattung der Wohnung und vieles mehr. Zeit – das wichtigere von beidem – brauchen sie von uns für die Pflege des flauschigen Fells, für Zuwendung und Beschäftigung. Unsere besonders kluge und anhängliche Katze soll schließlich nicht ein langweiliges, ödes Leben zwischen Fenstersims und Futternapf verbringen!

Für uns als Autorinnen sind Katzen von Kindheit an aus unserem Leben nicht wegzudenken. Wir züchten seit vielen Jahren selbst Rassekatzen. In diesem Buch stellen wir Ihnen die Langhaarkatzen vor, informieren über verantwortungsvolle Haltung, Pflege und Umgang mit diesen faszinierenden Heimtieren. Es wird beschrieben, wie man den richtigen Züchter wählt und die richtigen Bedingungen schafft, wenn man in einer der beschriebenen Katzenrassen sein „Traumtier" gefunden hat. Aber auch Züchter, Züchterneulinge und Besitzer, die ihre Katze ausstellen möchten, können in diesem Buch viel Interessantes finden.

Stuttgart und Ingelheim, im Frühjahr 2000
Gesine Wolf
Eva-Maria Götz

Unwiderstehlich – das daunenweiche Fell und das Babygesicht eines jungen Perserkätzchens.

Die Rassen

Was ist eine Rassekatze?

Rechte Seite:
Beim ersten Ausflug im
Garten ist so ein Korb als
Rückendeckung nicht
schlecht.

Bemühen wir noch einmal Meyers Konversationslexikon von 1890:
*„In den geistigen Fähigkeiten stehen die Katzen hinter den Hunden
zurück, doch sind auch sie der Erziehung und Veredelung fähig."*

Dies wurde zu einer Zeit geschrieben, als man gerade anfing, Katzen
zu züchten. Man unterschied „Rassekatzen" von den Katzen, die es überall gab, wo Menschen lebten. Die Zucht von Hunden war zu dieser Zeit
schon weit fortgeschritten. Die ersten Hunde, die zum Nutzen des Menschen als Jagdgehilfen gezielt gezüchtet wurden, sind im Orient schon
vor 4 000 bis 5 000 Jahren dokumentiert. Die große
Vielfalt an Katzenrassen, wie wir sie heute haben,
entstand aber erst seit Ende des 19. Jahrhunderts. Sie
wurden auch nicht zum „Nutzen" des Menschen sondern eher zu seiner ästhetischen Erbauung gezüchtet.
Bis eine neue Katzenrasse mit definierten, einem ein-
heitlichen Standard entsprechenden Merkmalen durch
Zucht entstanden ist und diese Merkmale konstant und typisch vererbt,
gehen viele Jahre ins Land und es ist viel Züchterfleiß notwendig.

Eine Katze ist nur dann eine Rassekatze, wenn sie eine von einem eingetragenen Züchterverein ausgestellte
Stammbaumurkunde besitzt.

Eine Rassekatze ist nicht irgendeine Katze, die mehr oder weniger so
aussieht wie ein Vertreter einer bestimmten Rasse. Sie muss eine
Ahnentafel (Stammbaum) besitzen, die dokumentiert, dass sie über
Generationen nur von Vorfahren eben dieser Rasse abstammt. Das ist
der erste wichtige Punkt, den sich ein Interessent für ein Rassekätzchen vor Augen halten muss. Eine Zusicherung über die Reinrassigkeit
des Katzenkindes, ohne die Bestätigung des Stammbaumes, sollten Sie
als potentieller Käufer eines Jungtieres niemals akzeptieren, auch
wenn für Sie das Kätzchen noch so rassetypisch aussieht.
Kätzchen ohne Papiere sind leicht zu finden und oft
„preisgünstiger" als Tiere mit Stamm-
baum. Wer hier spart, tut dies
möglicherweise am falschen
Ende. Die Herkunft des Tieres ist nicht belegbar, oft
auch nicht die Art, wie es
aufgezogen wurde, noch,

Ein Wölkchen in
blauer Kuscheldecke.

F.I.Fe.-STAMMBAUM 1. DEKZV e.V.

1. DEKZV e.V.

FEDERATION INTERNATIONALE FELINE

Eintragungen in diesem Stammbaum dürfen **nur** durch die Zuchtbuchstelle vorgenommen werden.

Name:	Tin Soldier v. Baloghshof	Eingetr. ZB-Nr.: 237417
Geworfen:	06.Mai.1997	Farbe: schwsil.gestr.oA PER-ns-22-62	Monika Balogh 011041
Geschlecht:	maennlich	Rasse: Perser	Züchter: Logauweg 12
		Wohnung: 73054 Eislingen

Eltern	Großeltern	Urgroßeltern	Ururgroßeltern
Vater	CH. 209751 Rhetoric's Panermate	CH. 209750 Kashmur's Paper Tiger PER-n-03-22	CH. Kashmur's High Roller PER-a-03 GC. Kashmur's Hard to be Humble PER-n-03-22
IC. Narbel	Farbe black-tabby-weiss PER-n-03-22	209746 Midas Made to Order PER-n-22	GC. Midas High Roller PER-n Midas Likely Story PER-n-22
Marky Marque	GC. 208727 Narbel Marqued Improvement	GC. 162058 Mystichill On the Marque PER-n	GC. Mystichill Junior PER-d Seapearls High G PER-f
Farbe schwarzgestromt PER-a-22	Farbe black-tabby-weiss PER-n-03-22	GC. 208726 Kikicat Oioy Goodle PER-n-03-22	GP.«CH. Kikicat's Anointed One PER-ns-22-62 CH. Copacats Chanson PER-n-03
ZB-Nr. 208728		GC. 147636 Palmetto's Sunspirit PER-ds-11	GC. Palmetto's Blaze O'Glory PER-ns Palmetto's Tangerine PER-fs
Mutter	IC. 177243 Palmetto's Sidney	GC. 179538 Palmetto's Jennifer PER-ns	GC. Amen Rock E. Fella PER-ns GC. Palmetto's Pumpkin Pie PER-fs-11
CH. Wendy	Farbe black-smoke PER-ns		
v. Weserbogen	GC. 164515 Skirjack Black Diamond	GC. 162338 Renlyn's Buccaneer PER-a	GC. Renlyn Gremlin PER-d CH. Myshadows Rimov PER-f
Farbe black-smoke PER-ns	Farbe schwarz PER-n	164514 Kramer's Shady Lady PER-n	GIC. Lauralas Made N The Shade PER-n Jonala's Material Girl PER-f
ZB-Nr. 205625			

Prämierungen auf Ausstellungen:
(Vom Besitzer selbst einzutragen)

Erläuterungen zu Prämierungen: Ch. Int. = Internationaler Champion   Ch. = Champion   CACIB = Internationale Siegeranwartschaft   CAC = Siegeranwartschaft

Abstammungsurkunde.

wann es von der Mutter weggenommen wurde oder welchen Transportweg es hinter sich hat.

Verantwortungsvolle Züchter hingegen sind Mitglied in einem eingetragenen Züchterverein (e.V.). Diese Vereine verfügen über eine Satzung, die das Züchten unter bestimmten Bedingungen regelt. Dabei werden rassetypische, gesundheitliche – besonders hinsichtlich erblicher Krankheiten – sowie tierschützerische Aspekte berücksichtigt. Diese Auflagen sind sinnvoll und sollen dem Schutz der Tiere dienen.

Ausstellungsstandard

Die Rassekatzen Perser, Colourpoint-Perser, Exotic Shorthair und Colourpoint Exotic haben einen gemeinsamen Ausstellungsstandard, denn sie unterschieden sich nicht im Körperbau, sondern in Eigenschaften, die nur das Fell betreffen. Exotic Shorthair sind kurzhaarig und Colourpoint tragen die Maskenzeichnung der Siamkatzen.

Die ursprüngliche Perserkatze besaß keine Maske, sie war einfarbig, gescheckt oder mit Tabbyzeichnung, also getigert oder gestromt. Die Perserkatze mit Maskenzeichnung, die durch gezielte Zucht entstanden ist, wird landläufig als Colourpoint (früher und teilweise im Ausland auch als Himalayan) bezeichnet. Die Exotic Shorthair mit Maskenzeichnung wird Colourpoint Exotic genannt.

8

Ausstellungsstandard (F.I.Fe.) der Perser und Exotic
Die langhaarigen Perserkatzen und die Exotic Shorthair haben denselben Standard.

Allgemein	Größe	groß bis mittelgroß
Kopf	Form	rund und massiv, gut proportioniert, sehr breiter Schädel
	Stirn	gerundet
	Wangen	voll
	Nase	kurz, breit, mit deutlichem "Stop", aber keine Stupsnase. Der Stop muss zwischen den Augen sein, er darf weder oberhalb des oberen Augenlides noch unterhalb des unteren Augenlides platziert sein. Der Nasenrücken wie auch der Nasenspiegel müssen breit sein, Nasenlöcher sind gut geöffnet, um einen ungehinderten Durchfluss der Luft zu ermöglichen.
	Kinn	stark
	Kiefer	breit und kräftig
	Ausdruck	schön offen
Ohren	Form	klein, Spitzen gerundet, mit guten Haarbüscheln
	Platzierung	sehr weit auseinander und ziemlich niedrig auf dem Schädel platziert
Augen	Form	groß, rund und offen, weit auseinander platziert
	Farbe	leuchtend und ausdrucksvoll, wie bei der jeweiligen Farbvarietät angegeben, aber klar in der Farbe
Hals		kurz und kräftig
Körper	Form	gedrungen (cobby), auf niedrigen Beinen, breite Brust; Schulter und Rücken massiv und gut bemuskelt
Beine		kurz, dick und kräftig
	Pfoten	groß und rund, kräftig; Haarbüschel zwischen den Zehen werden bevorzugt
Schwanz		**Perser** kurz und buschig — **Exotic** kurz und gut behaart — aber in Proportion zur Länge des Körpers, Ende leicht gerundet
Fell	Struktur	**Perser** lang und dicht, feine und seidige Textur (nicht wollig); eine volle Halskrause um Schulter und Brust — **Exotic** dicht, plüschartig und weich in der Textur, vom Körper abstehend. Bedingt durch die Dichte nicht flach am Körper anliegend. Etwas länger als bei den Briten, aber nicht so lang, dass das Haar fliegt.
	Farbe	**siehe Tabellen im Kapitel Genetik**
Fehler, die das Zertifikat ausschließen	Kopf	Schädeldeformationen, die zu einem asymmetrischen Gesicht und/oder Kopf führen
	Kiefer/Gebiss	ständig heraushängende Zunge und/oder hervorstehende Zähne
	Körper	jede deutliche Deformation des Rückgrats jede deutliche Schwäche der hinteren Partie

Perserkatze

Herkunft der Rasse

Die Perserkatze ist mit die bekannteste unter allen Rassekatzen. Beliebt ist sie wegen ihres spektakulären, langen und weichen Fells und ihrer runden, Gemütlichkeit ausstrahlenden Körperform. Sie wird seit der zweiten Hälfte des vorigen Jahrhunderts in Europa gezielt gezüchtet, die Grundlagen der Zucht wurden in Großbritannien erarbeitet, der Wiege der Rassekatzenzucht.

Ursprünglich aus Kreuzungen zwischen Angora- und persischen Langhaarkatzen stammend, hat die Perserkatze einen weiten Weg hinter sich. Die ersten Tiere waren mit den heutigen keinesfalls vergleichbar. Sie erinnerten eher an kräftige Maine Coon – Katzen mit einem Fell, das sie selbst pflegen konnten. Im Laufe der Jahre wurden die Perser dann immer kürzer, runder und flacher im Gesicht, das Fell immer üppiger gezüchtet und mit mehr Unterwolle. Insbesondere in den USA florierte die Zucht, ab dem Ende der 70er Jahre des 20. Jahrhunderts boomte sie regelrecht. Riesige Zuchtfarmen mit mehreren Hundert Tieren entstanden, die extreme Perserkatzen auch für den europäischen Markt produzierten. Die Katzen wurden vermehrt, was das Zeug hielt. Die Kätzinnen wurden dazu benutzt, Wurf um Wurf Junge zu bekommen und sie wurden in Käfigen, Boxen, gar in riesigen Boxenbatterien gehalten.

Perserkatzen besitzen ein üppiges, langes Fell, das besonders gut gepflegt werden muss. Durch besonders viel feines Unterhaar neigt das Perserfell eher zum Verfilzen.

Eine große Nachfrage in den 80er Jahren bescherte den US-Züchtern schnelles Geld und die Katzen wurden in Massen nach Europa exportiert. Sie brachten neue, schreckliche Katzenkrankheiten mit, die sich in den Zuchtanlagen dort spielend leicht vermehrten und nicht mehr aus den Zuchten zu eliminieren sind.

Der extrem flache, äußerst kurznasige US-Typ, auch „peke face" (= Pekinesengesicht) genannt, hat sich mittlerweile als Showtyp etabliert. Damit ist die Perserkatze aber in die Kritik des Tierschutzes geraten und es entstanden Diskussionen über den Sinn und Unsinn des Extremtyps, denn Perserkatzen mit besonders extrem flachem Gesicht sollen häufiger tränende Augen und Gebissfehler aufweisen. Beide Beeinträchtigungen können auch bei Perserkatzen mit Näschen auftreten, wenn die Tränenkanäle verlegt oder abgeknickt sind oder die Gesichtsknochenstruktur schief ist. Beides ist erblich. Wenn der Rassestandard beim Richten genau durchgesetzt wird, müssen diese Fehler auf dem Ausstellungstisch zum Ausschluss des Zertifikats führen. Auch soll das Fell dem Standard entsprechend eine feine, seidige Textur

haben und nicht wollig sein, denn bei zu viel Unterwolle verfilzt das Fell leichter.

Die deutschen Züchter haben erkannt, dass gesunde Perserkatzen unter tierschutzgerechten Bedingungen gezüchtet werden können. Die Katzenhaltung in Zuchtfarmen wie in den USA praktiziert, hat in Deutschland zum Glück nur wenige Nachahmer gefunden. Die meisten Züchter in Deutschland betreiben ihre Zucht als Hobby in familiärem Rahmen, und entsprechend menschenbezogen sind auch die Jungtiere.

Linke Seite:
„Zu hoch, sonst wär' er mein!", denkt die Katz. „Zum Glück ist die zu klein", denkt der Spatz.

Wesen und Eigenschaften

Perserkatzen sind sehr angenehme Hausgenossen. Sie sind ruhig und freundlich und eignen sich daher auch für kleine Etagenwohnungen. Auslaufhaltung dagegen ist nicht optimal, zu schnell zerzaust ihr Fell und die Haarpracht wäre dahin. Da Perserkatzen aber keinen sehr ausgeprägten Freiheitsdrang haben, vermissen sie bei reiner Wohnungshaltung nicht viel. Dennoch sind sie natürlich für ein gesichertes Fenster oder einen mit Netzen abgesicherten Balkon dankbar, weil sie wie alle Katzen den Panoramablick und ein gepflegtes Sonnenbad lieben. An sehr heißen Sommertagen brauchen sie ein kühles, schattiges Plätzchen; manche Leute lassen ihre Katzen im Hochsommer sogar ganz oder teilweise abscheren. Das ist aber nicht nötig, wenn die Katze sich in einer wohltemperierten Wohnung aufhalten kann.

Die Stimme einer Perserkatze ist lieblich und leise. Das ist besonders während der Rolligkeit der Kätzinnen ein großer Vorteil, denn sie rufen nicht sehr laut nach dem Kater. Perserkatzen sind

13

Rechte Seite:
Die Colourpoint-Perser
haben die Maskenzeich-
nung der Siamkatzen:
diese hier ist seal point.

freundliche Hausgenossen, schätzen aber wie die meisten Katzen die Geselligkeit in Maßen, aufgezwungene Liebesbezeugungen mögen sie nicht so sehr.

Colourpoint-Perser (Himalayan)

Herkunft und Geschichte

Die Colourpoint ist das Resultat eines genetischen Experiments. Ein Wissenschaftler interessierte sich für die Vererbung verschiedener Farb- und Felleigenschaften bei Katzen und kreuzte Siam mit Persern. Dies ereignete sich in den 20er Jahren unseres Jahrhunderts. Interessierte Katzenzüchter griffen die Idee auf und erhielten schließlich siamfarbene Langhaarkatzen, die sie Khmer oder Himalayans nannten. In Europa setzte sich die Bezeichnung Colourpoint-Perser durch, die die siamtypische Maskenfärbung der Langhaarkatzen am treffendsten beschreibt. Es dauerte Jahrzehnte der Zucht, um Typ und Fellqualität der Colourpoint an die der einfarbigen Perser anzugleichen. Durch stete Einkreuzung hervorragender Perserkatzen gelang es, eine prächtig behaarte, runde, kompakte, siamfarbene Perserkatze zu erhalten, die ihren am ganzen Körper gefärbten Schwestern in nichts nachsteht.

Red point, die rote Maskenfarbe bei Colourpoints wird recht selten gezüchtet und hat ihre speziellen Freunde.

Wesen und Eigenschaften

Die Colourpoint ist in erster Linie eine typische Perserkatze – ein wenig merkt man ihr aber das Siamerbe doch noch an. Sie gilt als lebhafter und verspielter als die einfarbigen Perser und ist ein entzückender Hausgenosse. Wie die anderen Perser ist sie eine echte Wohnungskatze und fühlt sich auch im kleinsten Appartement wohl. Sie ist ruhig und angenehm wie alle Perserkatzen, was aber nicht heißt, dass sie eine gelegentliche Mäusejagd verschmähen würde. Sie also gemeinsam mit den Rennmäusen oder dem geliebten Hamster der Familie flanieren zu lassen, wäre das Ende der Heimtieridylle.

Wer sich eine Perserkatze anschafft in der Annahme, er habe ein lebendes Schmuckstück erworben, das ganztägig auf dem Sofa thront, hat sich von Grund auf getäuscht. Auch Perserkatzen haben ihre wilden Phasen, in denen es in der Wohnung über Stock und Stein, Tisch und Regal geht. Und auch Perserkatzen verabscheuen Langeweile. Ein Tierfreund muss dem Rechnung tragen und seiner Katze Beschäftigungs- und Spielmöglichkeiten bieten.

■ Linke Seite: Ganz ohne Fellpflege kommt auch die kurzhaarige Exotic-Shorthair-Katze nicht aus.

> Perserkatzen sind keine dekorativen Puderquasten! Auch sie haben ihre wilden fünf Minuten und sind im tiefsten Innern Räuber.

Exotic Shorthair

Herkunft und Geschichte

Die Exotic Shorthair ist die Perserkatze im Minikleid. Sie entstand in den 60er Jahren des vorigen Jahrhunderts in den USA aus einem Programm zur Verbesserung der American Shorthair-Katze. Einigen Züchtern gefielen die dabei entstandenen Hybriden so gut, dass sie sie zu einer eigenen Rasse weiterentwickelten. 1967 wurde die Exotic Shorthair erstmals als Rasse anerkannt, 1983 folgte die F.I.Fe. (Féderation Internationale Féline, Internationale Dachorganisation von Katzenzüchtern) mit der Anerkennung – von da ab war ihr Siegeszug nicht mehr aufzuhalten. Die Exotic Shorthair verbindet das ruhige, unproblematische Wesen der Perserkatzen mit den Vorzügen einer pflegeleichten Kurzhaarkatze. Dies macht sie für all jene attraktiv, die zwar eine ruhige Katze suchen, aber die aufwendige Fellpflege der Standardperser scheuen.

Noch heute werden in die Exotic Shorthair regelmäßig Perserkatzen eingekreuzt, um den ausgezeichneten Persertyp zu erhalten. Dies führt dazu, dass in Exotic-Würfen immer wieder auch Langhaartiere fallen können, da die Anlage für langes Fell rezessiv vererbt wird (siehe

17

Genetik S. 82). Exotic Shorthair gibt es in allen anerkannten Perserfarben, zu denen auch die Colourpoint-Farbschläge zählen. Die Farbenvielfalt ist immens – für jeden Geschmack ist etwas dabei!

Schon als Katzenbabys lassen sich Exotic und Perser an die Fellpflege gewöhnen.

Wesen und Eigenschaften

Im Wesen und Temperament ist die Exotic Shorthair eine echte Perserkatze – vielleicht mit etwas mehr Pfeffer als die recht ruhigen Langhaarrassen. Die Exotic Shorthair gilt als anhänglich und verspielt und ist ein wundervolles Heimtier, das auch mit weniger geräumigen Wohnverhältnissen zufrieden ist. Sie braucht erheblich weniger Fellpflege als ihre langhaarigen Verwandten, bei denen tägliches Kämmen unabdingbar ist. Im Gegensatz zu den Persern neigt das Fell der Exotic Shorthair weniger zum Verfilzen. Wer also eine Katze mit Puppengesicht mag, aber die intensive Fellpflege nicht übermäßig schätzt, sollte eine Perserkatze im Mini-Shirt wählen: eine Exotic Shorthair.

Eine Schildpatt-Schönheit, wie man sie selten sieht!

19

Kauf eines Langhaar-kätzchens

Wenn Sie sich für ein langhaariges Katzenbaby interessieren, sollten Sie sich zu allererst Informationen besorgen. Kaufen Sie nicht Hals
über Kopf ein Kätzchen, sondern lassen Sie sich etwas Zeit! Ihr
zukünftiger Mähnenlöwe wird Ihr Leben für viele Jahre teilen. Jede
momentane Euphorie ist also bei einer solchen Entscheidung fehl am
Platz. Spezielle Katzenzeitschriften und Bücher geben Ihnen Auskunft
über die Besonderheiten Ihrer Lieblingsrasse. Anzeigen in Katzenzeitschriften oder auch in der Tageszeitung bieten Jungtiere zum Verkauf
an. Dort können Sie anrufen und alle Fragen stellen, die Sie vor dem
Kauf klären möchten.

Vor dem Erwerb einer Perserkatze müssen Sie sich fragen:

- Bin ich bereit, die Zeit und die Kosten für die Rundumversorgung einer Katze viele Jahre lang aufzuwenden? ❑
- Passt das Wesen der Katzenrasse zu mir und meinem Lebensstil? ❑
- Werde ich bei einer Langhaarkatze die Fellpflege konsequent und für immer durchführen? ❑
- Kennt mein neues Kätzchen bereits Kinder oder andere Haustiere? ❑
- Wird meine Katze in der Wohnung leben oder Auslauf haben? ❑
- Ist ein Kater oder eine Kätzin besser für mich geeignet? ❑
- Ist die Urlaubsfrage geregelt? ❑

Auf Ausstellungen können Sie sich
die Katzen anschauen und mit
Züchtern Kontakt aufnehmen.
Schließlich wollen Sie wissen,
woher Ihr kuscheliges Katzenkind
kommt und wie es groß geworden
ist, bevor Sie sich dazu ent-
schließen Ihr Leben mit allen
Konsequenzen auf die Katze ein-
zustellen.

Der Züchter

Ein Kätzchen mit Abstammungsnachweis bekommt man nur beim Züchter. Adressen von Rassekatzenzüchtern findet man in Katzen- und Tierzeitschriften, über die Jungtiervermittlungen der Zuchtvereine, in großen Läden für Heimtierbedarf oder über das Internet. Auf Katzenausstellungen kann man Züchter persönlich kennenlernen und auch in den Tageszeitungen werden Jungkätzchen angeboten. Das hat den Vorteil, dass man nicht so weit fahren muss, um die Jungtiere und den Platz anzuschauen, an dem sie aufgewachsen sind.

TIPP

Züchtern, die Kätzchen ohne Stammbaum oder zu extrem niedrigen Preisen anbieten, sollte man kein Vertrauen schenken.

Der Züchter sollte einem eingetragenen Zuchtverein angehören und alle seine Jungkätzchen mit Impfungen und Stammbaum mit registriertem Zwingernamen abgeben. Auch Katzen, die wegen kleiner Schönheitsfehler nicht für Zucht und Ausstellung geeignet sind, müssen bei einem guten Züchter unter den gleichen Bedingungen aufgezogen und versorgt worden sein. Ein seriöser Züchter wird Ihnen deswegen keine preisgünstigen Mischlingskätzchen anbieten, denn er weiß, dass genügend unerwünschte Katzen, darunter auch Rassemischlinge, in den Tierheimen sitzen.

Bevor Sie einen Besuch beim Züchter machen, setzen Sie sich telefonisch mit ihm in Verbindung und klären zuerst einige Dinge. Die Frage nach dem Preis der Jungtiere ist dabei nicht die wichtigste, denn verantwortungsvoll aufgezogene Rassekätzchen sind grundsätzlich nicht billig zu bekommen. Der Preis für ein Perserbaby liegt zwischen 700.- und 1 500.- DM, je nachdem, wie viel versprechend es für Zucht und Ausstellung erscheint. Entscheidend beim Kaufpreis ist auch, ob der Züchter nur die grundlegenden, vom Verein vorgeschriebenen Impfungen vornehmen ließ oder ob seine Elterntiere auf Virusinfektionen wie FELV (Leukose) und FIV (erworbene Immunschwäche) getestet sind und er so die Virusfreiheit der Jungtiere garantieren kann. Beides – Virustests und zusätzliche Impfungen – rechtfertigen einen höheren Kaufpreis.

> **TIPP**
>
> Kaufen Sie kein ungeimpftes Kätzchen! Als Mindestprophylaxe sollte das Jungtier gegen Katzenschnupfen und Katzenseuche geimpft worden sein. Bestehen Sie darauf!

Fragen Sie den Züchter am Telefon nach Alter, Geschlecht und Farben der Kätzchen und schließlich, wie er sie aufgezogen hat. Wurden sie in der Familie mit viel Menschenkontakt groß? Hat der Züchter Kinder, so ist das von Vorteil, wenn Sie selbst Kinder haben. Kleine Katzen gewöhnen sich auch schneller an den Hund oder andere Haustiere im neuen Heim, wenn sie diese Tiere aus dem Züchterhaushalt bereits kennen.

Hat der Züchter all die Fragen beantwortet, die Ihnen am Herzen lagen, dann vereinbaren Sie einen Besuchstermin, um die kleinen Pelzknäuel endlich „live" zu erleben. Besuchen Sie bitte nur einen Züchter am Tag. Denken Sie daran, dass Sie an den Kleidern ansteckende Krankheitskeime mittragen können, die Sie beim nächsten Züchter einschleppen könnten, wenn Sie zwischendurch die Kleider nicht wechseln. Der Züchter lädt sie zu sich ein und lässt Sie mit seinen Katzen schmusen und spielen. Helfen Sie ihm dabei, seine Tiere gesund zu erhalten, indem Sie auf Hygiene achten.

Wie leben die Katzen beim Züchter?

Wenn Sie einen Besuch beim Züchter machen, sollte er nichts zu verbergen haben. Er sollte Ihnen seine Lieblinge zeigen – und zwar alle, nicht nur die Katzenkinder, die er zu verkaufen hat! Er wird aktive Zucht- und Ausstellungstiere haben und Senioren, die kastriert sind. Alle seine Katzen sollten hervorragend gepflegt sein – bei den Langhaarkatzen ein Muss – und sie sollten in seiner Wohnung mit ihm und seiner Familie leben. In der Wohnung dürfen Klettermöbel, Schlafplätze, Spielzeug, mit Netzen abgesicherte Fenster oder ein Balkon nicht fehlen.

Die Katzen sollten neugieriges Interesse an Ihnen als Besucher zeigen oder gelassen hinnehmen, dass Gäste da sind. Die Jungtiere sollten

Mutter und Jungtiere sollten lange zusammen bleiben können, denn in dieser Zeit lernen die Katzenkinder noch viel von der Mama.

23

lebhaft sein, tollen und spielen oder sich von Ihnen zu einer kleinen Jagd nach einem Bällchen verführen lassen. Auf keinen Fall sollten sie geduckt oder versteckt unter einem Möbel kauern, denn das ließe darauf schließen, dass die Kätzchen in der Aufzuchtzeit nicht genügend menschlichen Umgang hatten. Auch die liebevollste Behandlung im späteren Leben der Katze kann den fehlenden Menschenkontakt in den ersten Wochen nach der Geburt nicht ersetzen. Alles, was das Kätzchen vor der Entwöhnung durch Geruch und Berührung kennengelernt hat, wird es sein ganzes Leben als vertraut erkennen.

Schauen Sie sich beim Züchter auch an, wie er seinen oder seine Kater hält. Kater zu halten ist keine leichte Aufgabe, denn sie markieren ihr Revier durch Verspritzen von Urin und ihr Fell hat die Tendenz, fettig zu sein. Auch sie brauchen den Menschenkontakt genauso wie die Kätzinnen, Jungtiere oder Kastraten. Ein Kater, der in einem Zwinger oder isolierten Quartier leben muss und als einzige Abwechslung Kätzinnen zum Decken bekommt, ist in einem unglücklichen Zustand. Der Züchter muss sich Zeit für seinem Kater nehmen.

Auch ein Zuchtkater darf niemals ohne Familienanschluss und Kontakt zu anderen Katzen gehalten werden.

■ Der Federbusch ist toll, da mach ich Luftsprünge.

Ein innerhalb des Wohnbereiches gelegenes Katerzimmer, das gut zu reinigen ist und möglichst eine Glastür hat, durch die der Katerprinz verfolgen kann, was im Haushalt vor sich geht, eignet sich am besten. Die Familienmitglieder sollten sich mehrmals am Tag bei ihm aufhalten und sich mit ihm beschäftigen, indem sie mit ihm schmusen, spielen oder ihn kämmen.

■ Ein Deckkater braucht genauso viel Menschenkontakt und Schmuseeinheiten wie die Kätzinnen und Jungtiere im Haushalt.

Diese Chinchilla hat eine kleine Freundin. Kinder können mit einer Katze auf liebevolle Weise lernen, Verantwortung zu übernehmen.

Information und Auswahl

Besuchen Sie verschiedene Züchter – Sie werden bald feststellen, dass es sich lohnt, Vergleiche zu ziehen. Nicht die Anzahl seiner Zuchttiere, sondern seine Beziehung zu den Tieren, die Art, wie er sie hält, der Gesundheitszustand und vor allem die wesensmäßige Betreuung zeigen, ob der Züchter verantwortungsbewusst mit seinen Katzen umgeht.

Auch das macht einen seriösen Züchter aus: er wird fair über seine Züchterkollegen und -konkurrenten reden und er wird sich nicht am oft „in der Szene" herrschenden Kleinkrieg aus Neid, Eifersucht und Gewinnstreben beteiligen. Es ist wichtig, dass Sie sich selbst einen Eindruck verschaffen, gleichgültig was Ihnen über den einen oder anderen Züchter erzählt wird. Verlassen Sie sich nur auf das, was Sie selbst erlebt haben – wer sonst könnte es besser beurteilen?

Beim Züchter können Sie selbst sehen, mit wieviel Menschenkontakt die jungen Kätzchen aufwachsen.

Aus diesem Grund sollten Sie nie ein Kätzchen nur per Foto oder Video oder direkt auf einer Ausstellung kaufen. Sie erhalten dann keinen Einblick in das Heim des Züchters und vor allem erfahren Sie nicht, mit wie viel oder wie wenig Menschenkontakt das Kätzchen von Geburt an aufgezogen wurde. Gerade das entscheidet aber darüber, ob Sie später eine freundliche, ausgeglichene oder eine schwierige, zurückgezogene Katze haben werden. Perserkatzen brauchen sehr viel Fellpflege. Das heißt, Sie müssen sie immer und überall anfassen, kämmen und auch baden können, ohne dass die Prozedur in einen Kampf ausartet oder Sie Schutzhandschuhe dazu brauchen. Ein erfahrener Züchter gewöhnt seine Katzenbabys bereits von Anfang an daran.

Ein Züchter, dem seine Katzen am Herzen liegen, will auch die allerbesten Plätze für seine Jungtiere. Er wird Ihnen kein Kätzchen aufdrängen. Er wird Informationen über Sie als Kaufinteressenten haben wollen und Ihnen einige Fragen stellen. Fühlen Sie sich dadurch nicht verunsichert. Wenn der Züchter Zweifel hat, ob das Katzenkind zu Ihnen passt oder mit Ihren Erwartungen oder Lebensumständen harmoniert, kann er Ihnen auch ein Kätzchen verweigern. Das gibt Ihnen die Möglichkeit, alles noch einmal zu überdenken, bevor Sie vielleicht nach kurzer Zeit merken, dass Sie die falsche Entscheidung getroffen haben und das Tier wieder abgeben wollen.

Warum ein Rassekätzchen Geld kostet

Wählen Sie Ihr Katzenkind mit Bedacht aus. Hochprämierte Elterntiere mit Schleifen und Pokalen sind keine Garantie für perfekten Nachwuchs. Das Jungtier sollte das richtige Alter haben – 12 bis 14 Wochen, nicht darunter! – und von einem Züchter stammen, der Mitglied in einem eingetragenen Zuchtverein ist. Diese Vereine garantieren auch für die Richtigkeit der Eintragungen im Stammbaum und verlangen vom Züchter, dass er die Jungtiere nicht zu früh und ohne die vorgeschriebenen Impfungen abgibt. Er darf keine Tiere an gewerbliche Tierhändler oder zu Versuchszwecken verkaufen. Er würde in einem solchen Fall sofort aus seinem Verein ausgeschlossen werden.

Verantwortungsvolle Aufzucht von Katzen ist ein teures Hobby. Angefangen bei der Gesundheitsvorsorge der Elterntiere über Virustests und Impfungen bis hin zum besten Futter, Vereinsmitgliedschaft, Stammbaumgebühren, Ausstellungs- und Anzeigenkosten – der Züchter steckt viel Geld in seine Katzen. Der Kaufpreis, den er für seine Jungtiere verlangt, deckt diese Ausgaben in keinem Fall.

Es gibt auf dem Heimtiermarkt auch „preisgünstige" Kätzchen. Entweder haben sie dann keine Stammbaumurkunde oder sie kommen aus oft tierschutzwidrigen in- und ausländischen Großzuchten. Internationale Geschäftemacher verschieben auf verschlungenen Wegen alle Arten von Heimtieren. Oft sind die Tiere zu jung, krank und völlig verstört, der Transportweg und die Unterbringung ist häufig eine Qual. Am Ende steht ein Käufer, der aus Mitleid solch eine Kreatur „befreit" und damit eine neue auf den Weg schickt. Solange es eine Nachfrage gibt, wird diese Art des Tierhandels nie enden.

Alle kleinen Kätzchen sind unwiderstehlich, trotzdem sollte man sich ein Katzenkind nur bei einem guten Züchter kaufen.

27

Vom Katzenkind zur erwachsenen Katze

Rechte Seite: Haben Sie alles vorbereitet, wenn Ihr neues Kätzchen kommt?

Klein und süß wie am ersten Tag bleibt Ihr puscheliges Fellknäuel nicht sehr lange. Ein wenig Erziehung und Geduld ist nötig, bevor sie sich zu einer majestätischen Schönheit im Pelzmantel entwickelt hat.

Das Kätzchen kommt: Vorbereitungen

Wenn Sie den Termin mit dem Züchter verabredet haben, an dem Sie Ihr Katzenbaby abholen, sollte zu Hause schon alles vorbereitet sein. Sie haben sich die **Grundausstattung** bereits besorgt. All das Zubehör, das Sie brauchen, können Sie in Fachgeschäften für den Heimtierbedarf kaufen.

- Bieten Sie Ihrem Kätzchen zu Anfang zwei **Katzentoiletten,** eine flache, kleinere und eine große Haustoilette mit Dach. Dazu besorgen Sie zwei **Gitterschaufeln,** um die Hinterlassenschaften aus dem Kistchen zu entnehmen. Als Einstreu eignet sich **klumpenbildende Ton- oder Holzstreu** am besten; sie sollte nicht chemisch behandelt sein.
- Sie brauchen einen robusten **Transportbehälter,** vorzugsweise aus Kunststoff. Dieser ist leicht sauber zu machen und zu desinfizieren. Weidenkörbe sind zwar hübscher, aber nicht hygienisch. In diesem Transportbehälter werden Sie Ihr Kätzchen abholen, Sie werden es darin zum Tierarzt bringen oder es vielleicht mit auf Reisen

Katzentoiletten gibt es in vielen Farben und Formen, mit Dach und ohne.

Grundausstattung

- Transportbehälter
- Zwei Katzentoiletten
- Ton- oder Holzstreu
- Plüschhöhle
- Futternapf
- Wasserschale
- Kämme und Bürsten
- Kratzpfosten und Kletterbaum

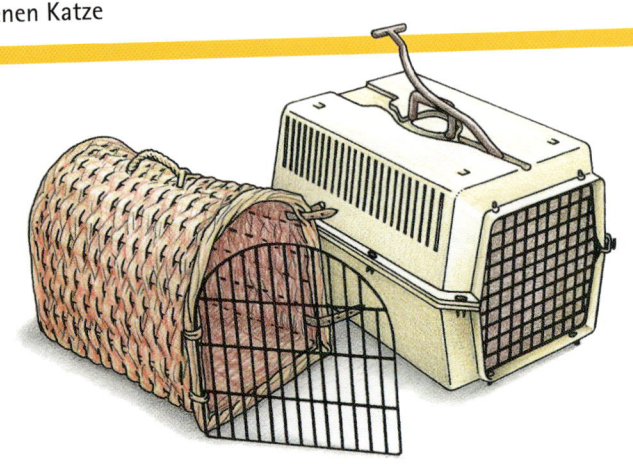

Transportkörbe gibt es in vielen Farben und Materialien. Kunststoffboxen können leicht gereinigt werden.

nehmen. Kaufen Sie die Box nicht zu klein, denn Ihre Katze wird noch wachsen und sie soll sich auch später noch hinlegen und ausstrecken können. Daheim kann die Gittertür entfernt werden. Manche Katzen lieben ihre Box als Schlafhöhle.

- Hübsche, waschbare **Kuschelhöhlen** aus Schaumstoff mit weichem Bezug sind beliebte Plätze für die Katze in der Wohnung, wenn sie ihre Ruhe haben will – ganz besonders, wenn sie in der Nähe der Heizung oder am Fenster aufgestellt sind, so dass die Katze sich zurückziehen kann und trotzdem einen Blick aufs Familienleben hat.
- **Kratzpfosten** und **Kletterbaum** gehören unbedingt zur katzenfreundlichen Einrichtung. Es gibt sie in den verschiedensten Ausführungen, Farben und Formen. Außerdem haben Kletterbäume den Vorteil, dass die Katze sich auch nach oben begeben kann, um einen Ausguck zu haben. Das Krallenwetzen ist für die Katze ein lebens-

Den Kratzbaum habe ich erobert, aber wer holt mich hier wieder runter?

notwendiges Verhalten, bei dem sie ihre „Jagdwerkzeuge" pflegt, Muskeln und Bänder dehnt und außerdem ihr Wohnrevier mit Spuren von Duftstoffen markiert. Wetzt sie ihre Krallen nicht, ist sie nicht wohlauf. Es könnte ein Alarmzeichen sein. Investieren Sie lieber in genügend „Wetzplätze" und sehen Krallenwetzen nicht als Problem, sondern als Zeichen dafür, dass sich Ihr Stubentiger sehr wohl fühlt.

- **Futternapf und Wasserschale** sollten standfest sein und eine große Öffnung haben. Tongefäße eignen sich besonders gut, Keramik- oder Edelstahlschüsseln ebenso, und sie sind leicht zu reinigen.

- Zum **Futter**, das Ihr Neuling bekommen soll, wird Ihnen der Züchter Tipps und Empfehlungen geben, vielleicht sogar einen Futterplan und ein kleines Fresspaket für die erste Zeit. Wenn Sie wollen, können Sie später schrittweise auf ein anderes Futter umsteigen, zu Anfang sollten Sie sich jedoch genau an die Angaben des Katzenzüchters halten.

- Langhaarkätzchen brauchen Hilfe bei der Fellpflege – als Babys zwar noch nicht so sehr wie später, aber wenn sie von klein auf mit **Kamm** und **Bürste** vertraut sind, gestaltet sich diese Routine für die erwachsene Katze wesentlich einfacher. Der Züchter ist auch hier bereit, Ihnen alles Nötige zu sagen.

◾ Näpfe sollten eine weite Öffnung haben.

Abholen

Planen Sie den Tag, an dem Sie Ihr Wuschelkätzchen abholen, so, dass Sie danach zumindest ein Wochenende, besser noch ein paar Tage Urlaub haben. Ihr Katzenkind ist jetzt 12 bis 14 Wochen alt, geimpft, körperlich und vom Verhalten her von der Mutter entwöhnt und überaus neugierig auf die Welt um sich herum. Lassen Sie sich vom Züchter seine kleinen Eigenheiten erklären und seine Vorlieben. Sie haben sich ohnehin schon unsterblich in das Kerlchen verliebt. Trotzdem vergessen Sie nicht vor lauter Begeisterung, darauf zu achten, dass Augen, Öhrchen und Popo sauber sind, das Kleine wach und lebhaft ist und einen properen und wohlgenährten Eindruck macht.

◾ Beim kleinen Kater sind in diesem Alter schon die Hoden zu erkennen und After und der Ausgang der Harnröhre liegen weiter auseinander als bei der kleinen Kätzin: links Weibchen, rechts Männchen.

♀   ♂

Ein gesundes Kätzchen hat ein sauberes Fell – schwarze Krümel in den Haaren lassen auf Flohbefall schließen; Nase, Augenwinkel, Ohren und Popo zeigen keine Verkrustungen, sondern sind sauber und rosig.

■ Für Berufstätige sind zwei Kätzchen zusammen die beste Wahl.

Papiere beim Kauf

- Kaufvertrag
- Impfpass
- Stammbaum
- Gesundheitszeugnis

Der Kaufvertrag

Bevor es auf den Heimweg geht, muss der Kaufvertrag abgeschlossen und das Katzenkind bezahlt werden. Der Kaufvertrag soll sicherstellen, dass das Katzenbaby eine versorgte Zukunft hat. Normalerweise wird sich der Züchter darin ein Vorkaufsrecht zusichern lassen für den Fall, dass Sie das Kätzchen wieder abgeben müssen. Die wichtigen Daten des Kätzchens, eine Beschreibung sowie eine Liste ausgehändigten Papiere wie Stammbaum und Impfpass, eventuell eine tierärztliche Gesundheitsbescheinigung oder Attests über durchgeführte Blutuntersuchungen sind ebenfalls im Vertrag niedergelegt. Lassen Sie sich Ihren Anspruch auf die Stammbaumurkunde schriftlich bestätigen, sollte diese nachgereicht werden müssen. Ohne diese schriftliche Bestätigung haben sie sonst später keine Handhabe, wenn der Stammbaum nicht eintrifft. Sind Sie nicht ganz sicher, dass Ihr Katzenbaby gesund ist, dann lassen Sie sich ebenfalls schriftlich zusichern, dass der Züchter das Kätzchen innerhalb von 48 Stunden zurücknimmt, wenn ein Tierarzt Ihrer Wahl, dem Sie das Kätzchen selbstverständlich umgehend vorstellen müssen, eine Krankheit feststellten sollte.

Zwischen ....
und ....(im folgenden „Verkäufer" genannt)
....(im folgenden „Käufer" genannt)

wird folgender

Kaufvertrag über eine Katze

geschlossen:

§ 1

1. Der Verkäufer verkauft dem Käufer hiermit seine in § 2 beschriebene Katze. Die Übergabe des Tieres erfolgt am ....
Von diesem Tag an gehen Gefahr, Lasten und Nutzen auf den Käufer über.
2. Der Kaufpreis beträgt...DM (in Worten DM).
Er wird wie folgt geleistet...

§ 2

1. Die verkaufte Katze wird wie folgt beschrieben:
   a) Name ....   d) Geschlecht ....
   b) Rasse ....   e) Farbe ....
   c) Geburtsdatum...   f) Zuchtbuch-Nr. ....
2) Die vorstehend angegebenen Rasse- und Farbmerkmale beziehen sich auf den Zeitpunkt der Übergabe des Tieres. Für wachstumsbedingte Veränderungen dieser Merkmale haftet der Verkäufer nicht. Der Käufer hat das Tier besichtigt. Er verzichtet auf jegliche Rüge äußerlich erkennbarer Mängel.

§ 3

1) Der Verkäufer versichert, dass die Katze zum Zeitpunkt der Übergabe
   a) Gesund und frei von ansteckenden Krankheiten ist,
   b) entwurmt und gegen Katzenseuche geimpft ist,
   c) nicht zum Wiederverkauf erworben ist,
   d) folgende weitere Impfungen erhalten hat:..
2) Der Verkäufer händigt dem Käufer am Tage der Übergabe der Katze folgende Papiere aus:
   a) Impfpass, aus dem die in Abs. 1 erwähnten Impfungen ersichtlich sind.
   b) Abstammungsnachweis bzw. Eintragungsbescheinigung des Katzenvereins, in dessen Zuchtbuch die verkaufte Katze geführt wird. Er versichert gleichzeitig, dass die verkaufte Katze mit dem aus den Papieren ersichtlichen Tier identisch ist.

§ 4

1) Der Käufer verpflichtet sich und seine Erben, das erworbene Tier
   a) nicht zu Versuchszwecken zu verwenden oder hierzu weiter zu veräußern
   b nicht an Zoohandlungen oder berufsmäßige Tierverkaufsvermittler weiter zu veräußern,
   c) jede Weiterveräußerung dem Verkäufer anzuzeigen.
2) Für jeden Fall des §4 Abs. 1c behält sich der Verkäufer ein Wiederverkaufsrecht vor, nach dessen Ausübung des Wiederverkaufsrechts, höchstens aber den ursprünglichen Kaufpreis zurückzuerstatten. Der Verkäufer verpflichtet sich weiterhin, im Falle der Anzeige der Weiterveräußerung innerhalb von zwei Wochen zu erklären, ob er von seinem Wiederverkaufsrecht Gebrauch mache oder nicht.
3) Verletzt der Käufer eine der in §4 Abs. 1 und 2 eingegangenen Verpflichtung, so wird für jeden Fall der Zuwiderhandlung eine Vertragsstrafe von 1000,– DM fällig, die der Käufer an den Verkäufer zu zahlen hat.

§ 5

Besondere Vereinbarungen (z.B. Eigentumsvorbehalt, besondere Qualitäten der Katze usw.)
....
....
....

§6

Änderungen und Ergänzungen dieses Vertrages bedürfen der Schriftform

Ort und Datum... Verkäufer... Käufer...

Spätere Reklamationen sind meist schon deshalb erfolglos, weil mit dem Kauf die Verantwortung für das Tier auf den Käufer übergeht. Nur in Fällen, in denen der Züchter den Käufer wissentlich oder unwissentlich nicht von einer latent vorliegenden Krankheit unterrichtet hat oder wenn diese nach einer typischen Inkubationszeit von zwei Wochen nach Kauf auftritt, muss der Züchter die Verantwortung übernehmen. Ein seriöser Züchter tut dies auch – allerdings nur, wenn feststeht, dass sich Ihr Kätzchen nicht an einer anderen Katze Ihres eigenen Haushalts angesteckt hat.

Der erste Tag zu Hause

Achten Sie beim Transport des Kätzchens darauf, dass für Lüftung gesorgt ist (besonders während der warmen Jahreszeit) oder dass es im Winter mit einer Bettflasche in der Box warm genug ist.

Nachdem Sie mit dem Züchter die Formalitäten erledigt und alles besprochen haben, was Futtergewohnheiten, Körperpflege und sonstige Dinge rund um Ihr neues Kätzchen betrifft, quartieren Sie das Katzenkind in der Transportbox ein. Es soll den ganzen Weg nach Hause darin bleiben.

Bei einem Heimweg bis zu drei Stunden im Auto oder der Bahn braucht das Kleine nicht gefüttert oder getränkt zu werden. Bei längeren Reisen sollte man alle zwei Stunden eine Pause machen, Futter und Wasser anbieten, vielleicht auch eine kleine Reisetoilette. Passen Sie auf, dass das Fellknäuel nicht entwischt! In unbekannter Umgebung würden Sie es nie wieder bekommen – halten Sie deshalb das Auto während der Pause geschlossen.

Wahrscheinlich warten zu Hause schon Nachbarn, Freunde und Familienmitglieder sehnlichst auf den Neuling. Das Katzenbaby braucht jetzt zuallererst einmal Ruhe – das Begrüßungskommitee muss sich also gedulden. Katzen haben ein extrem feines Gehör. Fremde, laute Geräusche sind deshalb für das Kätzchen am Anfang das Schlimmste an der ganzen Umstellung, die es jetzt durchmachen muss.

TIPP Geben Sie Ihrem Katzenbaby zuerst ein ruhiges Zimmer, zeigen ihm die Katzentoilette und den Wassernapf und lassen Sie ihm Zeit.

Warten Sie etwas ab, bis die Neugier Ihres Kätzchens erwacht ist und es anfängt, sein neues Heim zu erkunden. Sie können es schrittweise immer mehr Bereiche der Wohnung kennenlernen lassen. Stellen Sie die beiden Katzentoiletten an weit auseinander liegenden Stellen auf, damit immer eine erreichbar ist. Manchmal sind kleine Kätzchen im Spiel so aufgeregt oder vertieft, dass sie zu spät merken, dass sie müssen. Ist ein Malheur passiert, zeigen Sie ihm ruhig und ohne Schimpfen das Katzenklo – es wird es sich beim nächsten Mal merken.

■ Spielen – Schlafen – Fressen – Spielen – Spielen ...

Machen Sie das Kleine behutsam und nicht gleich am ersten Tag mit anderen Haustieren bekannt. Auch Ihre Kinder sollten nicht sofort wild mit ihm spielen, sondern das Kätzchen erst einmal beobachten.

Junge Katzen brauchen Erziehung

Alle jungen Katzen sind sehr lebhaft, neugierig, teilweise sogar richtig wild. Mit dem Alter vergeht das aber und später fragt man sich, wo die Zeit gelieben ist, als der kleine Teufelsbraten einen manchmal fast zur Verzeiflung gebracht hat. Man kann Katzen erziehen und muss es in dieser Zeit tun. Das Kätzchen muss lernen, dass man es kämmt, dass es Plätze in der Wohnung gibt, die tabu sind und dass Gardinen nicht zum Turnen und Schaukeln da sind. Spiel, ein wenig Schauspielerei

35

und Ihre Stimme ist alles, was Sie dazu brauchen, vielleicht noch eine Schleckerei oder ein wenig Leberwurst.

Unternimmt das Kätzchen etwas Verbotenes und Sie ertappen es dabei, müssen Sie sofort reagieren. Ein strenges „Nein", ein Fauchen Ihrerseits oder ein gezielter Strahl mit einer Wasserspritze genügen meist, um die Katze abzulenken. Zwingen kann man eine Katze niemals, wohl aber ihr etwas in Katzensprache – wie Fauchen oder Zischen „sagen". Zur Erziehung gehört aber natürlich immer Konsequenz. Denn wenn Sie Ihrer Katze heute etwas verbieten und morgen nicht, wie soll sie dann wissen, was sie tun darf und was nicht?

Auf ihren Namen wird die Katze sehr bald reagieren, wenn sie damit angenehme Dinge in Verbindung bringt.

An den Kamm und die Bürste gewöhnt man ein Kätzchen am leichtesten, wenn man es abwechselnd mit der Hand und der Bürste oder dem Kamm streichelt. Es darf dabei ruhig in die Bürste beißen und mit ihr kämpfen. Meist lieben Katzen diese Art von Körperpflege, weil sie dabei zugleich auch ihren Menschen ganz für sich alleine haben. Später dann, wenn Ihr Perser sein prächtiges Fell hat und es ans tägliche Durchkämmen geht, wird er sich nicht mit Zähnen und Krallen sträuben. Im Spiel können Sie Ihrem Kätzchen auch ins Maul und in die Ohren schauen. Je mehr das Tierchen von Babypfoten an damit vertraut ist, von Menschenhänden berührt, gestreichelt, gekämmt und gebürstet zu werden, desto einfacher haben es später Ihr Tierarzt, Ihre Urlaubsvertretung und vielleicht der Ausstellungsrichter.

Stubenreinheit

Katzenkinder von einem verantwortungsvollen Züchter sind stubenrein, wenn sie in ihr neues Zuhause kommen. Allerdings darf man nicht vergessen, dass sie in diesem Alter noch vier bis fünf Mahlzeiten brauchen und dementsprechend oft auch ihre kleinen und großen Verrichtungen machen müssen.

Für Katzenbabys ist das Kistchen auch ein Spielplatz: je mehr die Streu fliegt, desto größer der Spaß!

Ab und zu kann ein Malheur passieren, solange Ihr Kätzchen noch nicht ganz eingewöhnt ist und noch vor verschiedenen Dingen Angst hat. Stellen Sie sicherheitshalber mehrere Kistchen strategisch verteilt in der Wohnung auf, so dass das Katzenkind immer eines in der Nähe hat. Später genügen zwei, denn Katzen gehen gerne für die verschiedenen Geschäftchen auf getrennte Toiletten.

Absichtlich unsauber ist eine Katze grundsätzlich nicht. Klappt es nicht mit der Sauberkeit, hat sie ein Problem. Es kann sein, dass die Toilette nicht sauber war. Es kann Eifersucht auf andere Katzen im Haushalt sein oder auf den Hund. Katzen brauchen eine bestimmte Sicherheitszone, um sich wohl zu fühlen. Wird diese unterschritten, zeigen sie mit aller Deutlichkeit, dass sie sich in ihrem Wohlfühlbereich gestört fühlen. Oft vor den Augen ihrer Besitzer beanspruchen sie dieses Revier, indem sie es mit ihren Ausscheidungen markieren. Es kann aber auch Angst sein, weswegen sich eine Katze nicht aufs Klo traut. Es kann Durchfall, eine Blasenentzündung oder eine andere Krankheit sein. Ihr Tierarzt kann prüfen, ob eine Krankheit vorliegt. In jedem Fall sollte man nach der Ursache forschen, besonders dann, wenn die Katze vorher immer stubenrein war.

Heranwachsende Kater und Kätzinnen markieren gelegentlich ihr Revier mit Urin. Wenn man mit seiner Katze oder seinem Kater nicht züchten will, ist es besser, das Tier kastrieren zu lassen. Damit ist meist auch das Urinspritzen beendet. Zum Glück sind Katzen sehr reinliche Tiere und wenn nicht wirklich ein Grund vorliegt, gibt es keine Probleme mit der Sauberkeit. Wenn Unsauberkeit bei Katzen auftritt, sollte Ihnen das immer zu Denken geben!

Eine eindrucksvolle Exotic-Shorthair-Kätzin in Schwarz-Schildpatt.

TIPP

Passiert ein Missgeschick außerhalb des Katzenkistchens, dann nehmen Sie das Tier und setzen es in seine Toilette. Sie sollten es niemals mit der Nase in die Pfütze oder ins Häufchen hineintunken. Es kann den Zusammenhang nicht verstehen. Schlagen oder schütteln Sie es niemals! Sie könnten das kleine Tier leicht verletzen.

Komm Schmusen,
ich bin auch noch da!

38

Spielen Sie mit Ihrer Katze, schenken Sie ihr diese Zeit, auch wenn sie kein quirliges Jungtier mehr ist.

Spielen und Klettern

Ältere Katzen spielen kaum noch, außer Sie als Besitzer fördern dies von Anfang an und halten es durch, wenn die Katze älter wird. Gerade die Perserkatzen, aber auch die Exotic Shorthair werden recht gemütlich, wenn sie den Kinderschuhen entwachsen sind. Ein gutes Mittel gegen das Dickerwerden ist, bei ihnen die Lust am Spiel und Bällchenjagen wach zu halten.

Ein anständiger Kratz- und Kletterbaum hält die Katze fit und gibt ihr die Möglichkeit, als Jäger – wenn auch nur in der Stube, auf Aussichtsposition zu gehen.

Perser und Exotic drinnen und draußen

Perserkatzen und ihre kurzhaarigen Pendants sind die idealen Wohnungskatzen. Durch ihr ruhiges Wesen leisten sie ihren Besitzern, deren Freunden und dem Besuch gerne im Haus Gesellschaft. Sie beobachten mit kätzischer Überlegenheit das pulsierende Leben um sie herum.

Wohnungskatzen können ein sicheres und behagliches Leben führen, selbst im zehnten Stock, und sie sind vor Parasiten und Infektionskrankheiten weitgehend sicher. Damit sie aber das Leben nicht zu gelassen nehmen und zu sehr in die Breite gehen, sollten Sie als Besitzer ein wenig dafür tun, dass Ihre Schönheit auch Abwechslung und Bewegung hat und frische Luft und Sonne genießen kann.

Wichtig für Wohnungskatzen

- Kletterbaum und andere Klettermöglichkeiten
- Verschiedene Schlaf- und Ruheplätze
- Spielzeug und Phantasie beim Spiel mit der Katze
- Gesichertes Fenster oder mit Netzen gesicherter Balkon

In der Wohnung

Auch eine Katze, die in der Wohnung lebt, sollte ein interessantes Leben führen können. Dies wird im Vergleich zu Abenteuer und Risiko einer freilaufenden Katze zwar viel sicherer sein, aber auch um ein Vielfaches langweiliger. Katzen erleben die Welt mit ihren unglaublich feinen und guten Sinnen des dämmerungsaktiven Jägers, und da macht auch die durchgezüchtete Rassekatze keine Ausnahme. Deshalb sollte die „Katzenwohnung" so ausgestattet sein, dass das Tier sich in der Höhe des Raumes bewegen kann und Platz zum Spielen sowie seine eigenen Rückzugsgebiete hat. Dabei muss die Katze zugleich aber auch vor den verschiedenen

Gefahren, die im Haushalt lauern, geschützt sein. Die Bedingungen dazu können Sie mit wenig Aufwand und Ausstattung schaffen.

Bevor Sie sich Ihr Traumkätzchen nach Hause holen, sollten Sie Ihre Wohnung einem Sicherheitscheck unterziehen und die Gefahrenquellen für Ihren neuen Mitbewohner herausfinden und absichern.

- Wird eine Katze in einem **gekippten Fenster** eingeklemmt, erleidet sie ein furchtbares Ende. Sie kann sich regelrecht erhängen oder durch Nierenquetschung oder eine Verletzung der Wirbelsäule qualvoll und langsam verenden. Solche Todesfallen kann man entschärfen, indem man spezielle Schutzvorrichtungen anbringt, die es im Zoofachhandel zu kaufen gibt.
- Der Sturz von einem **ungesicherten Balkon** bedeutet meist ebenfalls den sicheren Tod. Selbst eine geschickte Katze mit ihrem guten Gleichgewichtssinn kann beim Griff nach einer Mücke in die Tiefe fallen. Auch hier gibt es fast unsichtbare Netze, die so installiert werden können, dass Ihre Katze einen sicheren Platz an der frischen Luft, ohne absturzgefährdet zu sein.

Fenster kann man leicht mit einem Netz katzensicher machen.

Ein wenig Sonne auf dem Fell, ob auf dem gesicherten Balkon oder im Garten, liebt jede Katze.

- Bei manchen Zimmer- und Gartenpflanzen besteht **Vergiftungsgefahr** (siehe Kasten). Achten Sie darauf, wenn Ihre Samtpfote Zugang zu solchen Pflanzen hat. Meist gehen Katzen von sich aus nicht an Pflanzen, außer an das Gras, das sie fressen. Eine Ausnahme sind aber hübsche, künstlerische Blumengebinde. Sie verführen Katzen zum Spielen, allerlei Teile werden aus den knisternden Gebilden gezupft und oft sind in den floristischen Werken eingefärbte, exotische oder giftige Pflanzenteile mit verwendet worden.

Einige giftige Pflanzen:
1) Philodendron,
2) Weihnachtsstern,
3) Kaladie, 4) Kirschlorbeer, 5) Dieffenbachia.

Giftige Zimmerpflanzen	!	„katzenfreundliche" Pflanzen
Oleander		Gras
Dieffenbachia		Grünlilie
Philodendron		Schnittlauch
Flieder		Katzenminze
Aralie		Baldrian

Vergiftungsgefahr kann auch bei Chemikalien, Medikamenten, Reinigungsmitteln, Farben und Lösungsmitteln bestehen; alle diese Haushaltsutensilien müssen für Katzen unzugänglich aufbewahrt werden. Viele Medikamente wie beispielsweise Aspirin aus der Hausapotheke sind für Katzen tödlich. Aus diesem Grund dürfen Sie Ihrer Katze **Medikamente** auch niemals ohne tierärztliche Anweisung verabreichen.

- **Aus Versehen eingesperrt** zu werden kommt bei unseren neugierigen Stubentigern gar nicht so selten vor. Dunkle Nischen, Kästen, Schubladen, Schränke, Trockner, Wasch- und Spülmaschine ziehen alle Katzen an, besonders wenn diese Stellen noch warm sind. Achten Sie also immer ganz bewusst darauf, dass Sie Ihre Katze nicht versehentlich einsperren, einklemmen oder gar in der Waschmaschine oder im Wäschetrockner übersehen!
- Die Küche birgt besondere Gefahren für die Samtpfote: **Verbrennungen und Verbrühungen** passieren leicht, wenn in der Küche gearbeitet wird. Manche Katze hat sich schon den Schwanz abge-

42

flammt, weil sie sich am Herd zu nahe an den Gasflammen aufgehalten hat. Auch Ceranfelder und heiße Elektroplatten sind brandgefährlich, wenn Katzen mit den Pfoten darauf springen. Die Katze hat in der Küche nichts zu suchen, solange Sie mit heißen Töpfen hantieren! Auch Sie können über die Katze stolpern und kochendes Essen über sich und das Tier schütten.

Aufgepasst am Herd – Katzen können sich die Pfoten verbrennen oder das Fell versengen.

• Eine Perserkatze sollte das Baden eigentlich gewöhnt sein, trotzdem ist eine **volle Badewanne** mit nassem Rand gefährlich. Das Wasser ist heißer, die Wanne tiefer und die Katze wahrscheinlich etwas panisch, wenn sie sich unvorhergesehen im Wasser wiederfindet. Dann schafft sie es vielleicht nicht allein aus der Wanne. Lassen Sie also die Badezimmertür bei gefüllter Wanne immer geschlossen.

Im Garten und auf dem Balkon

Wenn Sie die Möglichkeit haben, sollten Sie Ihrer Katze im Garten oder auf der Terrasse einen Sonnenplatz zugestehen. Balkone kann man mit Netzen katzensicher machen. Sie können entweder selbst aus Holz und Drahtgittern einen Auslauf bauen oder ein (teures) Freigehege kaufen, ähnlich einer großen Vogelvoliere. Ideal ist es, wenn eine solche Voliere Anschluss ans Haus hat, so dass Ihr Frischluftfan über ein Fenster oder eine Katzenklappe ein- und ausgehen kann, wie er Lust hat.

Mit speziellen Sprays und Halsbändern kann man einem Befall mit Flöhen und Zecken vorbeugen. Ihr Tierarzt wird Sie gerne beraten.

43

Es gibt einige – wenige – Perserkatzen, die in absolut ruhiger Wohnlage frei draußen laufen dürfen. Das bedeutet aber, dass die Katze noch mehr Fellpflege braucht, regelmäßig auf Parasiten untersucht und mehrmals jährlich entwurmt werden muss. Selbstverständlich muss auch die Tollwutimpfung konsequent jedes Jahr aufgefrischt werden.

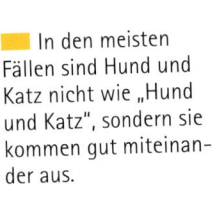 In den meisten Fällen sind Hund und Katz nicht wie „Hund und Katz", sondern sie kommen gut miteinander aus.

Mit anderen Haustieren

Auch Perserkatzen können in Gesellschaft mit anderen Haustieren gehalten werden. Wenn die Tiere in jungem Alter miteinander bekannt gemacht werden, geht es am einfachsten. Die meisten „Heimtierbeziehungen" sind richtig freundschaftlich, andere beruhen darauf, dass man sich gegenseitig in Ruhe lässt und wieder andere – eher wenige – sind vom ersten Moment an zum Scheitern verurteilt.

- **Katzen und Hunde** verstehen sich meist erstaunlich gut. Beide sind fähig, auch in höherem Alter, die Körpersprache des anderen zu „verstehen", obwohl man oft sagt, die Gesten seien bei Hunden und Katzen gegensätzlich. Sie lernen aber sehr leicht, die Sprache eines anderen Vierbeiners zu deuten. Am besten gewöhnt man beide als Jungtiere aneinander. Eine Katze, die nie schlechte Erfahrungen mit Hunden gemacht hat, wird auch später noch lernen, einen Hund als Sozialpartner zu akzeptieren. Umgekehrt ist es genauso.
- Perser und Exotic Shorthair sind eher Katzen von der ruhigen Art, und obwohl sie mit **Kaninchen** nicht viel gemeinsam haben, können sie deshalb ganz gut in jungem Alter aneinander gewöhnt werden.

...Gleich und Gleich...

Der beste Spielkamerad für eine Katze ist immer noch eine Katze. Sie haben dieselbe Sprache. Wurfgeschwister oder etwa gleich alte Katzenkinder verstehen sich meist am besten.

Dabei ist es gleichgültig, welches Geschlecht die Katzen haben, auch zwei oder mehrere kastrierte Kater verstehen sich gut. Auch eine ältere Katze gewöhnt sich noch jederzeit an eine andere Katze, vielleicht dauert es nur ein wenig länger.

■ Bei einer solch gleichmäßigen Geschwisterbande ist es nicht leicht, sich für eines zu entscheiden. Und trotzdem, jedes schaut anders in die Welt.

Größere Kaninchenrassen sind ruhiger als Zwergkaninchen und reagieren deshalb gelassener auf Katzen.

● **Kleine Nager, Vögel und Fische** werden in jeder anständigen Katze den Jäger wecken – auch in der Perserkatze. Hamster, Meerschweinchen, Vögel und auch Fische, wenn sie mit der Pfote im Wasser zu erreichen sind, sollten deshalb auf jeden Fall dem Zugriff von Katzen durch sichere Unterbringung entzogen werden: Kleinere Nager müssen in aus- und einbruchsicheren Behältern gehalten werden, Aquarien immer abgedeckt und die Vögel in den Käfigen sein, wenn die Katze im Raum ist. **Größere Vögel** wie Papageien können selbst sehr wehrhaft sein und Katzen richtig verletzen. Es ist besser, man trennt die Wohnbereiche von Katzen und Vögeln von vornherein.

Baden, von links nach rechts:
Die Katze wird mit lauwarmem Wasser nass gemacht.
Mit einem speziellen Shampoo wäscht man das Fell, Gesicht und Ohren lässt man dabei aus.
Die Katze wird vorsichtig und mit nicht zu starkem Gebläse gefönt.
Anschließend kämmt man die Katze gründlich mit einem Metallkamm an allen Körperpartien durch und lässt sie in einem zugfreien Raum vollkommen trocken werden.

Die Körperpflege der Langhaarkatze

Die langhaarige Katze braucht Hilfe bei der Pflege ihres Fells. Eine Katze mit normaler Haarlänge kann das mit ihrer rauhen Zunge ganz allein. Ist das Fell aber besonders lang und flauschig, kommt die Zunge der Katze beim Putzen nicht bis auf die Haut durch und bleibt auf dem langen Haar sozusagen auf halber Strecke stecken. Dabei zieht sie die losen Haare mit, die die Katze zwangsläufig schlucken muss, denn die Häkchen auf der Zunge sind nach hinten gerichtet und transportieren alles in Richtung Schlund. Haarballen, die sich im Magen bilden und nicht wieder erbrochen werden, sind an sich schon ein Gesundheitsrisiko. Und die Haut kann, wenn das Unterfell verfilzt, nicht mehr atmen, sie wird zusammengezogen und es können sich schlimme Reizungen und Entzündungen bilden. Die langhaarige Katze muss deshalb unbedingt bei der Fellpflege unterstützt werden, damit Haut und Magen-Darm-Trakt gesund bleiben.

Während das kurze Fell der Exotic Shorthair recht einfach durch regelmäßiges wöchentliches Kämmen zu pflegen ist, müssen Perserkatzen täglich gekämmt und gebürstet werden. Das Fell muss in allen Schichten bis hinunter auf die Haut durchgearbeitet werden, um Knötchen im Haar rechtzeitig aufzuspüren und die Bildung von Filz zu verhindern. Dann und wann kann ein Vollbad nötig sein, um das Fell von Hautfett und Schuppen zu befreien, die, wenn sie sich ansammeln, die Bildung von Filz begünstigen. Ist das Fell einmal verfilzt, hilft nur noch die ganze oder teilweise Schur des Pelzes.

Am besten ist es, man lässt sich bereits beim Erwerb des Katzenkindes vom Züchter zeigen, wie das Fell gepflegt werden muss. Ein seriöser

46

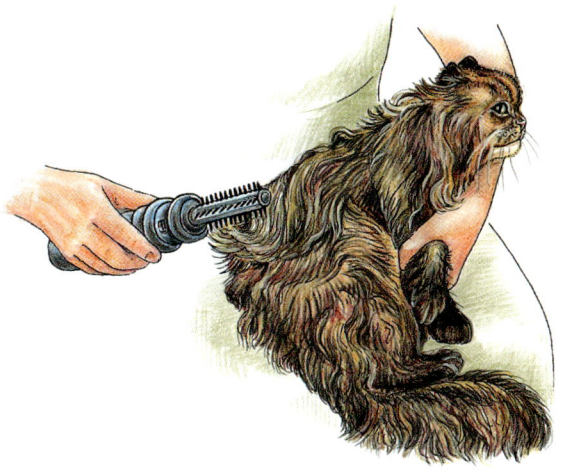

Züchter gewöhnt seine ganz jungen Kätzchen bereits spielerisch an Kamm und Bürste, ebenso an ein katzengerechtes Bad. Behalten Sie die Pflegeroutine unbedingt bei, die das Kätzchen vom Züchter kennt.

Wenn Sie sich nicht zutrauen, das Fell Ihrer Katze mit aller Konsequenz zu pflegen, sollten Sie sich auf keinen Fall für eine Langhaarkatze entscheiden, sondern für eine Exotic Shorthair oder vielleicht sogar für eine andere Rasse.

Das Fell aller Katzen besteht aus drei Haartypen: dem Wollhaar, dem Deckhaar und dem Grannenhaar. Je nach Rasse ist die Dichte dieser Haartypen ganz unterschiedlich. Perserkatzen haben das dichteste Fell aller langhaarigen Katzen. Es wird oft verschwiegen, dass bei einer Perserkatze bereits ein leichter Durchfall ein echtes Malheur

Es bereitet durchaus Mühe, das Fell einer Perserkatze in bester Verfassung zu halten. Es wird Zeit kosten – jeden Tag, jede Woche, ein Katzenleben lang. Die körperliche Hygiene, das Wohlbefinden und die Gesundheit der Katze hängen davon ab.

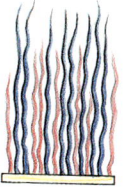

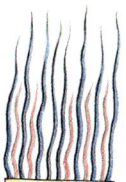

Felldichte der verschiedenen Langhaarkatzen: links Perser, Mitte Maine Coon, rechts Angora.

ist. Die langen Haare an den Hinterbeinen werden beim Absetzen von losem Kot verschmutzt, ebenso die Umgebung, in der sich die unglückliche Katze unmittelbar nach bewegt. Bei einem Liebhabertier, das nicht ausgestellt werden soll, ist es deshalb empfehlenswert, diese Haare von vornherein zu kürzen. Es erleichtert der von Natur aus reinlichen Katze ihre eigene Fellpflege ein wenig. Auch wenn die Katze keinen Durchfall hat, kann es vorkommen, dass sie mal etwas Kot an den so genannten „Hosen" (das sind die langen Haare an den Hinterbeinen) mit aus der Katzentoilette herausträgt und in der Wohnung verliert. Dies ist keine Stubenunreinheit, sondern ganz normal bei langhaarigen Katzen. Sie können nichts dafür, es passiert einfach gele-

47

Sisalspielzeug pflegt die Krallen beim Spielen.

gentlich – nicht nur bei Persern, auch bei Norwegern oder Balinesen und anderen Halblanghaar-Rassekatzen. Die Hosen müssen mit klarem Wasser sauber gemacht werden und bei kühlem Wetter leicht angefönt werden. Wenn das für Sie ein Drama ist, dann ist eine Langhaarkatze auf keinen Fall das richtige Tier für Sie.

Während es normalerweise bei einem Liebhabertier ausreicht, es einmal im Monat zu baden, kontrolliert man die Hosen täglich und kämmt sie gründlich aus, um alle Schmutzteilchen zu entfernen. Im schlimmsten Fall kann bei Vernachlässigung dieser Pflege das Fell um den After so verkleben, dass die Katze keinen Kot mehr absetzen kann. Und das ist lebensgefährlich. Es ist traurig, dass regelmäßig grausam vernachlässigte Perserkatzen im Tierheim abgegeben werden. Sie sind völlig verfilzt und verschmutzt und müssen vollständig geschoren werden, um die entzündete und infizierte Haut unter dem Filz behandeln zu können. Dies müsste nicht sein.

Katzenhaar, besonders der wollige Anteil, verfilzt leicht. Solche Filzknötchen im Pelz unserer Schönheit werden mit einem speziellen „Schneidekamm" aus dem Zoofachhandel aufgetrennt. Es gibt spezielle

TIPP

Eine flauschig-zarte, duftige Perserkatze ist ein wundervolles Geschöpf – diese Schönheit kann aber nur durch konsequente, aufwendige Pflege erzielt werden. Dessen muss sich der Perserfreund bewusst sein.

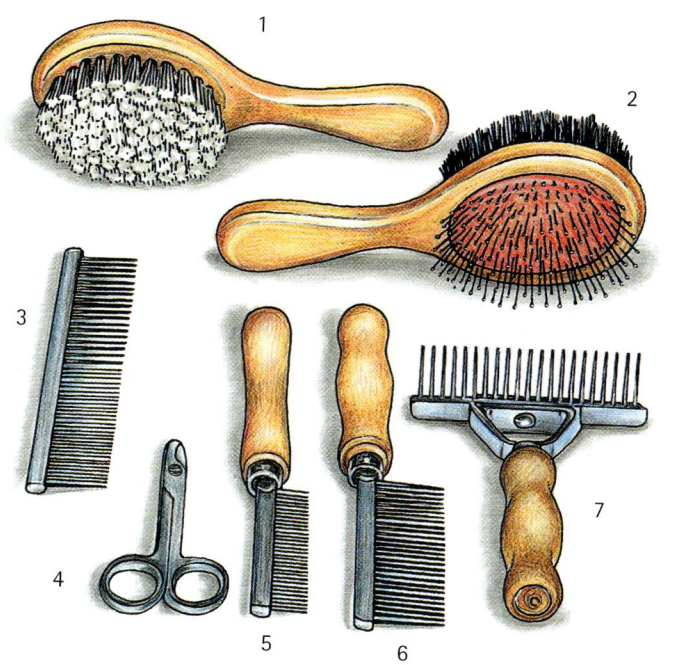

1

Verschiedene Pflegeutensilien für Perser und Exotic. Je länger das Fell, desto gröber müssen Kämme (3, 6 und 7) und Bürsten (1 und 2) sein. Mit dem groben Kamm sollte das Fell der Perserkatze täglich einmal gekämmt werden. 4) Nagelclipper zum Krallenschneiden, 5) Flohkamm.

Lösungen zum Aufsprühen, um Knoten etwas aufzuweichen und der Filzbildung generell vorzubeugen. Alle Präparate müssen ausdrücklich für Katzen geeignet sein. Früher wurden die Katzen sehr oft gepudert, um das Verfilzen des Fells zu verhindern. Puder reizt aber Augen und Nase der Katze. Das regelmäßige Bad mit Spezialshampoo, mindestens einmal im Monat und tägliches Kämmen – das sind die grundlegenden Pflegemaßnahmen, um das Fell der langhaarigen Katze in Ordnung zu halten.

Das tägliche Kämmritual und das regelmäßige, pflegende Bad muss schon von Katzenkinderbeinchen an durchgeführt und eingehalten werden. Anschließend gibt es zur Belohnung ein Leckerchen, damit die Grazie ihre Sitzung in Ihrem Salon „Body and Beauty" entspannt und gelassen hinnimmt. Wird die Langhaarkatze konsequent gepflegt, kann die tägliche Pflegestunde für die Katze auch zum Genuss werden, denn sie hat Ihre volle Aufmerksamkeit und liebt es wie die meisten Katzen, „gebürststreichelt" zu werden.

Die besten Kosmetika können Ihre tägliche, liebevolle Pflege nicht ersetzen und sollten sparsam eingesetzt werden, um den empfindlichen Katzenorganismus nicht zu belasten.

49

Urlaubsplanung

Rechte Seite:
Ein Blümchen unter
Blümchen: rotgestrom-
tes Perserbaby.

Auch zu Ferienzeiten oder dann, wenn Sie eine Abwesenheit von zu Hause nicht vermeiden können, muss Ihre Katze versorgt und gepflegt werden. Vor allem, wenn Sie sie nicht mitnehmen können, sollten Sie sich vorher schon darüber Gedanken gemacht haben und nicht erst, wenn der Fall tatsächlich eintritt.

Die Katze fährt nicht mit

Wenn Sie nur wenige Tage weg sind und eine zuverlässige Betreuung für Ihr Tier haben, ist es am besten, Ihre Katze kann in ihren eigenen vier Wänden bleiben. Sollte das nicht möglich sein, kann man die Katze auch in eine gute Pension oder an eine Pflegestelle geben.

Versorgt im eigenen Heim

Am wenigsten Stress bedeutet es für die Katze, wenn sie zu Hause versorgt werden kann. Ein- bis zweimal am Tag sollte der Betreuer wenigstens zu Ihrer Katze kommen und die nötigen Maßnahmen durchführen: Füttern, frisches Trinkwasser bereitstellen, Katzentoilette reinigen. Außerdem sollte er sich mit Ihrem Liebling beschäftigen, ihn streicheln und – ganz wichtig! – kämmen und mit ihm spielen. Während er sich bei Ihnen aufhält, gießt er vielleicht auch die Blumen, bringt die Post herein, schaut ein wenig Fersehen; Hauptsache, er leistet Ihrer Katze für einige Zeit am Tag Gesellschaft.

> **TIPP** Haben Sie selbst keine Freunde, Bekannte oder Nachbarn, die die Katze versorgen, können Sie sich an Catsitter-Clubs wenden. Gelegentlich annoncieren Tierfreunde in der Zeitung, die gegen ein Entgeld oder auf Basis von Gegenseitigkeit Heimtiere während der Urlaubszeit versorgen. Über Anzeigen, das örtliche Tierheim, die Tierärzte oder das Internet können Sie Kontakt zu solchen Personen aufnehmen und sich vor dem Urlaub persönlich kennenlernen.

Pension oder Pflegestelle

Sind Sie länger von zu Hause weg, können Sie Ihre Katze in eine Katzenpension oder an eine private Pflegestelle geben. Kümmern Sie sich aber frühzeitig um einen solchen Platz und schauen Sie sich ganz genau an, wie die Tiere gehalten und versorgt werden.

Es gibt gute Katzenpensionen, die die Tiere fachgerecht und hygienisch unterbringen. Für das Tier bedeutet es in jedem Fall Stress, sich ohne Sie als Bezugsperson in fremder Umgebung aufhalten zu müssen. Zum anderen besteht ein höheres Infektionsrisiko, denn wo viele Katzen leben und ein ständiger Wechsel an Tieren herrscht, können ansteckende Krankheiten nie ganz eliminiert werden. Geben Sie auf keinen Fall Ihre Katze an eine Pflegestelle, wo sie mit anderen zusammen gehalten wird, außer Sie selbst haben mehrere Katzen, die Sie gemeinsam für den Urlaub unterbringen wollen.

TIPP Schauen Sie sich die Urlaubspflegestelle für Ihre Katze besonders genau an:
Ihre Katze sollte keinen Kontakt mit fremden Katzen haben, der Platz muss hygienisch sein und die Pflegepersonen sollten bereit sein, sich mit Ihrer Katze intensiv zu beschäftigen.

Das Tierheim ist als Urlaubspflege nicht geeignet, denn gerade hier kommen in der Ferienzeit viele ausgesetzte Tiere an, die einen völlig unbekannten Impf- und Infektionsstatus haben. Meist haben die Tierheime gerade in der Urlaubszeit den größten Mangel an Platz und Zeit. Dabei kommen die vierbeinigen Pensionsgäste leicht auch zu kurz. Manche Tierärzte bieten einen Urlaubsservice an. Dies ist eine Alternative, wenn der Tierarzt eigene, von der Praxis getrennte Räumlichkeiten für die Pensionskatzen hat.

Die Katze geht mit auf Reisen

Meist ist es kein größeres Problem, die Katze mit auf die Reise zu nehmen; manche Katzen sind von Anfang an daran gewöhnt. Es gibt richtige Reiseprofis – zu erkennen daran, dass sie auf dem Campingplatz vor dem Wohnwagen im Schatten liegen oder im Auto, gemütlich auf der Ablage ausgestreckt, auf der Autobahn durchs Rückfenster die Straße beobachten. An den meisten Urlaubsorten erlauben Hotels, Katzen mitzubringen und im Zimmer zu lassen. Es gibt Ferienwohnungen, in die man seine Haustiere mitnehmen darf; die Reisebüros können hier Auskunft geben.

Bei vielen Fluggesellschaften dürfen Tiere mit einem Gewicht von bis zu fünf Kilogramm mit in die Kabine, während sehr große Katzen und Gruppen von mehreren Katzen im klimatisierten, druckausgeglichenen Frachtraum reisen. Im Zug fährt die Katze kostenlos, wenn sie in einem geschlossenen Transportbehälter einquartiert ist. Eine Katze an der Leine zu transportieren ist grundsätzlich gefährlich, sie sollte während der Reise immer in einer geschlossenen Box sein.

Gute Vorbereitung ist alles

Je früher Sie sich mit den Vorbereitungen und der Organisation der Reise befassen und sich alle notwendigen Informationen besorgen, desto weniger Stress haben beide – Mensch und Tier. Dann wird auch der Urlaub für alle erholsam. Folgende **Checkliste** soll Ihnen dabei helfen, nichts zu vergessen, was Sie für die Ferien mit Ihrer Katze brauchen.

- **Stabiler Transportbehälter:** groß und schlagfest, sicher zu verschließen. Die Luftöffnungen sollen so klein sein, dass die Katze nicht mit den Pfoten hindurch schlüpfen und sich dabei verletzen kann.
  Bei **Kälte** sorgen Sie mit einer Wärmflasche für eine gemütliche Umgebungstemperatur. Bei **Hitze** müssen Sie darauf achten, dass die lebenswichtige Ventilation gegeben ist.
  Für Transporte im Frachtraum des Flugzeugs gibt Ihnen die Fluggesellschaft genaue Informationen über die Innenausstattung des Reisekäfigs.
- **Impfpass:** Nur gesunde und geimpfte Katzen sollten eine Reise antreten. Bei **Auslandsreisen** sind je nach Land verschiedene Impfungen (Tollwut) und teilweise auch amtliche Gesundheitszeugnisse vorgeschrieben, über die Sie bei den **Automobilklubs** oder Tierärzten rechtzeitig vor der Reise Auskunft einholen müssen. Oft gelten Fristen, wie weit die Impfungen, oder der Zeitpunkt der Ausstellung des Gesundheitsattestes zurückliegen dürfen. Die entsprechenden **Papiere** müssen Sie bei der **Einreise** ins Urlaubsland an der Grenze vorlegen.

- **Katzentoilette** und **Streu:** Bringen Sie Ihrer Katze schon vor der Reise bei, eine kleine Reisetoilette zu benutzen, dann stehen Sie später nicht vor dem Problem, Ihrer Majestät Katze zu erklären, dass nicht mehr der gewohnte Toilettenpalast, sondern ein ziemlich bescheidenes Schälchen dasteht. Holzstreu eignet sich für Reisen, sie ist leicht und lässt sich gut transportieren. Das funktioniert aber auch nur, wenn die Samtpfote diese Streu bereits kennt und akzeptiert.
- **Futter:** Nehmen Sie eine genügend große Menge des gewohnten Futters für den Zeitraum der Reise mit. Vergessen Sie die Futter-

und Trinkschälchen nicht. Einige Flaschen stilles Mineralwasser sollten Sie für den Fall einpacken, falls die Wasserqualität im Urlaubsland nicht gut sein sollte.

- Wärmflasche und Notfallapotheke sollte man immer dabei haben. Ein paar Arzneien für die häufigsten Wehwehchen, Durchfallpulver, Ungezieferspray, Desinfektionsmittel, Augentropfen und Wundsalbe gehören in die Reiseapotheke. Wenn Sie in ein Land reisen, in dem Sie nicht sicher sein können, jederzeit und schnell einen guten Tierarzt zu erreichen, fragen Sie Ihren eigenen Tierarzt vor der Reise nach einem Breitbandantibiotikum zum Mitnehmen. Ihr Tierarzt wird Ihnen auch die anderen oben genannten Medikamente gerne zusammenstellen und Tipps mitgeben.
- Vertraute Katzenutensilien wie Kuschelhöhle, Spielsachen, ein kleines Kratzbrett, ein paar Decken – die Lieblingsdinge Ihrer Katze also – sollten Sie unbedingt mitnehmen, sofern Ihr Gepäckvolumen das erlaubt.
- Fellpflegezubehör ist, obwohl hier am Schluss aufgeführt, für Ihre Langhaarkatze auch im Urlaub so wichtig wie alles andere. Auch in dieser Zeit muss die Katze jeden Tag – wie immer! – gekämmt werden, um sich rundherum wohl zu fühlen.

Ernährung
und Gesundheit

Rechte Seite: Auch Persersenioren können bis ins hohe Alter topfit sein und werden kein Sonnenbad auslassen.

Unsere Katzen sind von Natur aus Jäger. Dies bedeutet, dass sie ihr Beutetier vollständig – mit Haut und Haaren, Federn und pflanzlichem Magen- und Darminhalt – auffressen. Die meisten Rassekatzen sind durchaus in der Lage, Mäuse zu fangen, auch wenn sie sie meist nicht mehr fressen, weil es viel bequemer ist, an den Napf in der Küche zu gehen.

Was braucht der „Jäger" Katze?

Die optimale Ernährung für eine Katze, die hauptsächlich in der Wohnung lebt, muss in der Zusammensetzung das Beutetier möglichst perfekt nachempfinden. Alle Nährstoffe sollten darin enthalten sein, in einem so ausgewogenen Verhältnis, dass es den Bedürfnissen des Fleischfressers Katze nahezu vollkommen entspricht. Fertigfutter erreicht dieses Ziel von der Zusammensetzung der Inhaltsstoffe, denn

Manche Katzen nehmen brav auch Medikamente vom Löffelchen, wenn man sie mit etwas Leckerem wie Leberwurst vermischt.

56

es ist nach aktuellen wissenschaftlichen Erkenntnissen zusammengestellt. Eine Bedingung erfüllt es aber nicht: die Stuktur des Beutetieres, seine Zähigkeit und die Festigkeit von Knochen, Gewebe, Haaren oder Federn nachzuempfinden. Diese Eigenschaften des Beutetieres sind aber gerade für die Gesundheit des Kauapparates der Katzen besonders wichtig. Dafür haben wir noch keinen Ersatz, und unsere Katzen kauen leider nicht wie Hunde an Büffelhautknochen.

Hochwertiges Fertigfutter, so genanntes **Premiumfutter**, ist von der qualitativen und quantitativen Zusammensetzung der Nähr- und Ballaststoffe so konzipiert, dass es sich als alleinige Ernährung für die Katze eignet. Premiumfutter gibt es sogar speziell zugeschnitten für die individuellen Bedürfnisse der Samtpfoten: Fertigfutter für die **Trächtigkeit**, die **Aufzucht** der Jungen, Futter für den normalen ernährungsbedarf durchschnittlicher **erwachsener Katzen,** kalorienreduzierte Kost für **übergewichtige Tiere** und Seniorenfutter. Für kranke Katzen gibt es spezielle **Diätfuttersorten,** die meist beim Tierarzt zu beziehen sind. Alle diese Vollnahrungen können Sie als Nass- und Trockenfutter kaufen.

Wer genau wissen will, was seine Katze frisst und statt der Zeit, die er mit Futtereinkaufen verbringt, die Zeit zu Hause investiert, kann für seine Katze auch selbst kochen. Allerdings ist von einer alleinigen Ernährung der Katze mit selbst zubereitetem Futter abzuraten, weil dabei leicht Defizite oder eine ebenso schädliche Überversorgung mit einzelnen Nährstoffen entstehen könnten. Um dies bei Selbstgekochtem zu verhindern, sollten Sie sich an spezielle Katzenkochbücher halten, bei denen die Rezepte so berechnet und überprüft worden sind, dass die Zusammensetzung optimal auf den Bedarf der Katze abgestimmt ist. Abwechslung im Futter, ob Sie nun ausschließlich Fertigfutter oder Selbstgekochtes oder beides geben, ist in jedem Fall das Beste. Dann wird Madame Katz auch nicht so wählerisch.

TIPP Durch Abwechslung beim Füttern ist garantiert, dass die Katze mit allen notwendigen Nährstoffen versorgt ist und keine Mangelerscheinungen auftreten.

Nahrungsmittel für Katzen

Nassfutter

Dazu gehören alle Futtersorten, die in Dosen oder Metallschälchen angeboten werden. Diese Konserven sind bei Katzen sehr beliebt, die Geschmacksrichtungen kaum aufzuzählen, so dass für jeden Katzengeschmack etwas dabei ist. Entscheiden Sie sich jedoch stets für Produkte ohne Malz und Sojaanreicherung und ohne Farb-, Konservierungs-

und Lockstoffe, denn all diese Fremdzusätze können zu Durchfall und sogar Allergien führen.

Trockenfutter

Gute Trockenfuttersorten von hoher Verdaulichkeit
sind dann für eine ausschließliche Ernährung
geeignet, wenn das Tier dabei ausreichend Flüssig-
keit aufnimmt – das ist extrem wichtig! Weil Katzen
lange nicht so viel trinken wie Hunde, sollten Sie außerdem darauf
achten, ein von den Mineralstoffen her so ausgewogen zusammen-
gesetztes Trockenfutter zu wählen, dass nicht mit einer erhöhten
Gefahr der Bildung von Harngries zu rechnen ist. Auf keinen Fall sollte zu viel Kochsalz enthalten sein, um die Katze durstig zu machen
und damit die Wasseraufnahme zu gewährleisten. Fragen Sie am
besten Ihren Tierarzt, welche Marken er empfehlen kann. Besonders
qualitätsvolle Marken sind deutlich teurer, dafür aber durch hohe Verdaulichkeit wiederum sehr sparsam im Verbrauch. Trockenfutter hat
einen nützlichen Effekt für die Zahpflege, denn durch die harte Kon-
sistenz werden Zähne und Kaumuskulatur mehr beansprucht als bei
Weichfutter und dadurch gesund erhalten.

Fertigfutter für
Katzen gibt es für jeden
noch so erlesenen
Katzengeschmack.

Feuchtfutter

Halbtrockenes Futter ist noch nicht allzu lange im Handel. Es entspricht aber dem Futter in Dosen. Auch hier sollten Produkte ohne
Farb- und Zusatzstoffe bevorzugt werden.

Nickerchen nach
dem Fressen muss sein.
Ist schon egal, ob man
dabei eine Pfote im
Gesicht hat.

Milch und Milchprodukte

Frische Milch vertragen die meisten Katzen nicht. Der darin enthaltene Milchzucker (Laktose) kann bei erwachsenen Katzen Durchfall verursachen. Spezielle Katzenmilch ist laktosereduziert und damit gut verträglich. Sie ist aber kein Getränk und ersetzt niemals das Wasser, das die Katze trinken sollte! Katzenmilch ist als zusätzliches Nahrungsmittel zu werten. Heranwachsende Kätzchen und säugende Muttertiere profitieren sehr von einem täglichen Zusatz an Katzenmilch auf dem Speiseplan, erwachsene und kastrierte Tiere ohne körperliche Belastung könnten jedoch durch die Nahrhaftigkeit der Katzenmilch schnell ein wenig zu dick werden. Fermentierte Milchprodukte wie Jogurt, Hüttenkäse und Quark sind für Katzen sehr gut verträglich und gesund. Sie liefern leicht verdauliches Eiweiß, Kalzium und andere wichtige Nährstoffe.

Klein-Quarkbart ist schon satt, die Geschwister noch nicht.

Selbst zubereitetes Futter

Hausmannskost sollte für unser kleines Raubtier zu drei Vierteln aus Fleisch, Fisch, Geflügel oder Eiern bestehen. Ein Viertel wird als aufgeschlossene Kohlenhydrate in Form von vorgekochtem Reis, Haferschleim oder Maisgrieß zugesetzt. Wenig kleingehackte Kräuter und gekochtes, passiertes Gemüse, wie zum Beispiel Karotten oder Zuckermais, runden die Gerichte ab und werden von Katzen gerne genommen.

Das Fleisch fürs Katzenmenü sollte für den menschlichen Verzehr geeignet sein. Rohes Schweinefleisch und rohes, gemischtes Hackfleisch kann ein für Katzen tödliches Virus (Aujetzky-Krankheit) über-

60

tragen. Schweinefleisch muss deshalb immer vollständig durchgekocht sein! Es enthält sehr viel von der für Katzen lebenswichtigen Aminosäure Taurin. Auch Geflügel und Fisch darf nur abgekocht verfüttert werden, um die Gefahr der Übertragung von Parasiten und anderen Keimen auszuschließen.

Geeignetes Fleisch für Katzen ist Rind, Lamm, Pferd, Kaninchen und Wild. Wenn es frisch und tadellos ist, kann es bedenkenlos roh gefüttert werden. Das ist von großem Nutzen für das Immunsystem der Katze, deren ursprüngliches Futter das rohe Beutetier ist und deren Verdauungssystem von Natur aus damit umgehen kann. Viele Katzen verweigern allerdings rohes Fleisch, wenn sie nicht schon als ganz kleine Kätzchen damit vertraut sind. Nichts reinigt die Zähne besser als ein rohes Stück Fleisch, das so groß sein sollte, dass die Katze es mit ihren Backenzähnen regelrecht zerschneiden muss.

> **TIPP**
> Knochen und Gräten sollten gründlich entfernt werden, bevor man das Futter für die Katze zubereitet. Es könnten sonst schwere Verletzungen im Verdauungstrakt der Tiere entstehen.

Selbst zubereitetes Futter sollte außerdem mit einem Multivitamin- und Mineralpräparat in Maßen angereichert werden. Halten Sie sich aber genau an die Angaben der Hersteller oder der Kochbücher, denn eine Überdosierung bestimmter Stoffe, wie zum Beispiel Vitamin A, kann schlimme gesundheitliche Folgen haben. Das gilt auch, wenn Sie nicht selbst kochen und glauben, Ihrer Katze zusätzlich zum Premiumfutter etwas Gutes tun zu müssen.

Nahrungsergänzungen

Leckereien für die Samtpfoten, wie Vitaminhefeflocken, Trockenfisch oder Knabberkrusten, sind in Maßen und als Belohnungen geeignet – wohlgemerkt: in Maßen. Für Menschen gedachte Süßigkeiten sind absolut schädlich für die Katze. Sie können Stoffe enthalten wie Theobromin in Kakao und Schokolade, die für Katzen giftig, wenn nicht sogar tödlich sind. Ein Stückchen Schinken oder Wurst hin und wieder als Belohnung richtet dagegen kaum Schaden an.

Wasser trinken Katzenbabys schon mit fünf Wochen, selbst wenn sie noch gesäugt werden. Wasser ist das wichtigste Getränk für die Katze.

Wasser

Für die Katze muss immer frisches Wasser bereitstehen. Egal, was Sie füttern, aber ganz besonders, wenn Sie das Tier ausschließlich mit Trockenfutter

Golden ist eine faszinierende Farbe bei Persern: das Jungtier ist noch dunkler gezeichnet, wird aber mit dem Alter so hell wie die erwachsene Katze.

ernähren möchten: Wasser ist **das Getränk** für die Katze. Es muss täglich frisch in einer sauberen Schüssel hergerichtet werden.

Katzengras

Katzen fressen Gras wahrscheinlich zur Reinigung des Verdauungstraktes von Haaren oder festsitzenden Haarballen, den so genannten Bezoaren. Diese entstehen aus den bei der Fellpflege von der Katze selbst abgeschluckten Haaren. Deshalb sollten Gras oder Getreidesaatmischungen, die es zum Selberaussäen oder in fertigen Schalen im Zoofachhandel zu kaufen gibt, immer für die Katze zur Verfügung stehen. Manche Katzen nagen gerne an der Grünlilie, am Papyrus oder sogar am Schnittlauch, den man in kleinen Töpfchen für die Küche kaufen kann. Achten Sie darauf, dass dieses Grünzeug nicht gespritzt ist oder kaufen Sie es auf dem Markt beim Biobauern.

Wann, wie oft, wie viel?

Heranwachsende Kätzchen im Alter bis zu etwa neun Monaten sollten vier bis fünf Mahlzeiten am Tag bekommen oder stets Zugang zum Futter haben. Das gleich gilt für kranke und alte Katzen. Trockenfutter kann immer stehen bleiben, Nassfutter dagegen muss zweimal am Tag frisch gereicht werden. Geben Sie davon pro Mahlzeit nur so viel, dass alles aufgefressen wird. Es kann sonst, besonders in der warmen Jahreszeit, verderben und Fliegen können es verunreinigen.

Achten Sie auf das Gewicht Ihrer Katze. Das ist bei den Langhaarkatzen nicht ganz so leicht, denn das Fell verbirgt den Körper. Bei einer gesunden, normalgewichtigen Katze spüren Sie die Rippen unter leichtem Druck. Spüren Sie sie nicht, ist Ihre Katze zu dick. Der Tierarzt kann Ihnen dann kalorienreduziertes Futter empfehlen. Ist sie zu dünn und knochig, sollten sie sowieso den Tierarzt konsultieren, um feststellen zu lassen, ob ein gesundheitliches Problem dahinter steckt.

Generell tut es allen Katzen gut, gelegentlich einige Stunden kein Futter zu sehen oder zu riechen. Auch in der Natur fängt die Katze nicht eine Maus nach der anderen zum Fressen. Hat die Katze richtig Hunger, wird die nächste Mahlzeit mit um so größerer Vorfreude und Appetit erwartet und die Mahlzeit selbst zum Genuss für unsere ver-

> **TIPP**
> Dass Sie Ihre Katze richtig füttern, erkennen Sie an folgenden Punkten:
> - sie frisst das Futter gerne,
> - sie trinkt genügend,
> - ihr Fell glänzt,
> - die Ausscheidungen sind in Ordnung,
> - sie ist fit und fröhlich.

wöhnten, oft genug gelangweilten Zimmerlöwen. Positiv wirkt sich bei dieser Methode aus, dass die Katzen die Freude am Fressen nicht verlieren. Welcher Katzenbesitzer kennt nicht die Samtpfote, die hartnäckig alles bis auf eine einzige, ausgewählte Sorte Futter verweigert!

Die Futtermenge sollte sich nach Kondition und Aktivität Ihrer Katze richten. Beobachten Sie Ihre Katze und passen Sie die Futtermenge an. Steigen Sie je nach Bedarf auf ein gehaltvolleres oder weniger gehaltvolles Futter um, damit Ihre Katze in Form bleibt. Bekommt sie übelriechenden Durchfall oder Blähungen, dann ist eventuell das Futter schuld. Oft hilft es, wenn Sie eine Zeit lang auf gekochtes Hühnchen mit Reis umsteigen und ein anderes, verträglicheres Futter testen. Auswahl gibt es genug, es kann aber einige Zeit dauern, bis Sie das richtige Futter gefunden haben und alles wieder im Lot ist. Hält der Durchfall jedoch länger an und die Katze ist nicht mehr vergnügt und munter, sollten Sie den Tierarzt aufsuchen, denn außer unverträglichem Futter gibt es noch viele andere Gründe für Verdauungsstörungen.

Aussicht nach draußen und drinnen, die warme Heizung darunter – Fensterplätze sind Katzenlieblingsplätze.

Gesundheitsvorsorge

Bei regelmäßiger Fellpflege und guter Versorgung können Perser- und Exotic-Katzen recht alt werden. Ein Alter von 15 Jahren ist keine Seltenheit, gelegentlich erreicht so ein Methusalem auf vier Pfoten sogar seinen zwanzigsten Geburtstag. Als Besitzer müssen Sie sich ein wenig darum kümmern, dass Ihre Katze ein langes, gesundes Leben führen kann.

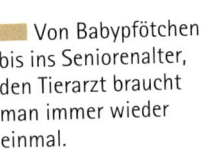
Von Babypfötchen bis ins Seniorenalter, den Tierarzt braucht man immer wieder einmal.

Ihr wichtigster Partner – der Tierarzt

Im Gegensatz zum Hund, der langsam und schleichend alt und grau wird, erfreut sich die Katze meist sehr lange bester Gesundheit, bis dann relativ plötzlich die Alterserscheinungen auftreten. Bei allen Katzen gibt es typische „Altersleiden" wie Zahnprobleme, Herz-, Leber-, Nierenschwäche oder Tumorerkrankungen. Gerade wenn Ihre flauschige Seniorin nicht mehr „so gut drauf" ist oder Sie das Gefühl haben, irgend etwas stimmt nicht, sollten Sie umgehend einen zuverlässigen Tierarzt aufsuchen. Aber nicht nur die ältere Katze sollte gut beobachtet werden. Einen Tierarzt Ihres Vertrauens sollten Sie von Anfang an haben. Schon Ihren kleinen Katzenneuling stellen Sie dem Tierarzt spätestens bei der ersten Wiederauffrischungsimpfung vor.

Eine gesunde Perser- oder Exotic-Katze kann ein hohes Lebensalter erreichen, dennoch kommt für sie irgendwann auch einmal die Zeit, in der sie gebrechlich oder krank wird. Wenn ein Weiterleben nicht mehr vertretbar erscheint, weil die Katze ständig Schmerzen hat oder völlig ausgezehrt ist, kein Futter mehr anrührt oder bei sich behält, dann sollte der Haustierarzt Ihre vierbeinige Freundin schmerzlos einschläfern. Manche Tierärzte sind in einem solchen Fall auch gerne bereit, einen Hausbesuch zu machen, damit der alten oder kranken Katze

Stress erspart bleibt. Auch Ihnen selbst fällt in vertrauter Atmosphäre der Abschied vielleicht ein wenig leichter ...

In den letzten Jahren macht bei den Perserkatzen, ihr verwandten Rassen aber auch bei anderen Katzenrassen eine Erbkrankheit von sich reden, die schon vielen Tieren Leiden und frühen Tod beschert hat. Es ist die so genannte PKD, „Polycystic Kidney Disease". Bei dieser dominant vererbten Krankheit der wird die Niere der Katze, aber auch die Leber und andere wichtige Organe von sich vergrößernden Zysten durchsetzt. Das Organ kann schließlich versagen und die Katze stirbt. Stark betroffene Tiere haben eine Lebenserwartung von wenigen Wochen bis zu zwei Jahren. Je nach Grad der Zystenbildung steigt die gesundheitliche Beeinträchtigung an. Kaum oder leicht betroffenen Tiere können ein normales Lebensalter erreichen und sterben oft nicht an der PKD. Dies ist auch der Grund, warum oft mit diesen Katzen gezüchtet wurde und noch wird: die Krankheit wird nicht ernst genug genommen. Dabei ist es durch die dominante Vererbungsweise und die Testmöglichkeit im Vorfeld sehr leicht, PKD-freie Katzen zu züchten.

Bei Persern und Exotic Shorthair tritt PKD recht häufig auf, deshalb haben die meisten Zuchtvereine Bestimmungen erlassen, die die Weiterzucht mit betroffenen Tieren verhindern soll. Viele Vereine verlangen, dass jedes angehende Zuchttier der gefährdeten Rassen vor dem Zuchteinsatz in einer tierärztlichen Hochschule (um Fehlbefunde weitgehend auszuschließen) auf PKD untersucht werden muss. Dies erfolgt mit Ultraschall und ist für die Katze schmerzlos. Außerdem muss ein untersuchtes Zuchttier so eindeutig gekennzeichnet sein – vorzugsweise mit Mikrochip – dass Verwechslungen ausgeschlossen werden können. Wer also ein Perser- oder Exotic-Kätzchen zur Zucht erwerben möchte, sollte unbedingt darauf achten, dass für die jeweiligen Elterntiere PKD-negativ-Befunde vom Züchter vorgelegt werden können.

Ihr Beitrag zur Gesundheit der Katze

Damit Ihr langhaariger Liebling gesund und fit bleibt, sollten Sie einige Dinge zur Routine werden lassen:

Dem Bedarf der Katze angepasste Ernährung, Zuwendung und Abwechslungsreichtum im täglichen Leben, ausgiebige Fellpflege, Zugang zu frischer Luft und Sonne und regelmäßige Entwurmungen und Impfungen – das sind die wichtigsten davon. Beobachten Sie das

Mag das Perser-gesicht auch flach und rund sein und die Schnauze kurz aussehen – es verbirgt sich ein richtiges Raubtiergebiss dahinter.

Allgemeinbefinden Ihrer Katze täglich. Alle Unregelmäßigkeiten beim Fressen und Trinken, den Ausscheidungen, beim Gewicht, im Zustand des Fells oder auch im Verhalten können Anzeichen für ernste Krankheiten sein. Riecht sie schlecht aus dem Maul, könnte etwas mit den Zähnen nicht in Ordnung sein. Zögern Sie nicht, tierärztlichen Rat zu suchen, wenn Sie das Gefühl haben, dass die Katze nicht so ist wie immer. Lieber einmal zuviel als einmal zuwenig.

Gesundheitscheckliste

- Frisst die Katze normal? ❑
- Trinkt die Katze normal? ❑
- Sind die Häufchen in der Katzentoilette fest und dunkel? ❑
- Ist das Fell glänzend und anliegend? ❑
- Sind Augen, Ohren und Haut sauber und ohne Absonderungen? ❑
- Sind die Zähne in Ordnung? ❑
- Ist das Gewicht in einem gewissen Spielraum konstant? ❑
- Ist sie munter und schläft normal? ❑
- Putzt sie sich regelmäßig? ❑

Die normale Körpertemperatur von Katzen liegt bei 38,5 °C. Abweichungen von mehr als einem halben Grad sind bedenklich und erfordern einen Besuch beim Tierarzt. Für Notfälle sollten Sie eine kleine Hausapotheke vom Tierarzt zusammenstellen lassen. Er wird Ihnen auch zeigen, wie man beim Stubentiger Fieber misst.

Zur Gesundheitsvorsorge gehört auch, die Kätzinnen oder Kater, mit denen nicht gezüchtet wird, rechtzeitig kastrieren zu lassen. Man erspart den Tieren dadurch eine Menge Stress, auch wenn Perser sexuell nicht so frühreif und aktiv sind wie zum Beispiel Siamkatzen. Durch die Kastration werden Kater und Kätzinnen ruhiger und anhänglicher, markieren ihr Revier nicht mehr, verändern sich aber sonst nicht. Etwa im Alter von einem dreiviertel bis einem Jahr ist meist der richtige Zeitpunkt für die **Kastration** gekommen. Ihr Tierarzt wird Sie auch dazu beraten.

> **TIPP**
>
> Nach der Kastration legen manche Katzen vorübergehend an Gewicht zu, weil sie dann das Futter anders verwerten. Sie brauchen etwas weniger Futter als unkastrierte Tiere. Vermindert man die Futtermenge entsprechend, wird die Katze nach einiger Zeit wieder ihr früheres Gewicht haben.

Impfplan

Wenn Sie Ihr Perser- oder Exoticbaby zu sich holen, hat es beim Züchter die Grundimmunisierung gegen die wichtigsten Krankheiten bereits bekommen. Einmal im Jahr sollten die Impfungen aufgefrischt werden. Wenn Sie mit Ihrer Katze zur jährlichen Impfung gehen, wird der Tierarzt sie vorher gründlich untersuchen und auch eine Gebisskontrolle

Zeitplan für Impfungen			
Krankheit	Grundimmunisierung 1. Impfung	Grundimmunisierung 2. Impfung	Wiederholungsimpfung
Tollwut	ab 12. Lebenswoche		jährlich
Katzenseuche	ab 8. Lebenswoche	3 Wochen später	jährlich
Katzenschnupfen	ab 8. Lebenswoche	3 Wochen später	jährlich
Chlamydien	ab 9. Lebenswoche	3 Wochen später	jährlich
FELV (Katzenleukose)	ab 9. Lebenswoche	3 Wochen später	jährlich
FIP (Feline Infektiöse Peritonitis)	ab 16. Lebenswoche	3 Wochen später	jährlich

Jährliche Wiederholungsimpfungen gewähren eine dauerhafte Immunisierung gegen diese Krankheiten.

Die wichtigsten Krankheiten der Katze

Bezeichnung	Übertragung	Symptome	Testmöglichkeiten, Impfung	Heilungs-aussichten
Viruserkrankungen				
Katzenseuche (Panleukopenie)	von Tier zu Tier und über kontaminierte Gegenstände	Erbrechen, Durchfall, rascher Verfall, Fieber, Austrocknung	Impfung	Heilung möglich
Katzenschnupfen	von Tier zu Tier und über kontaminierte Gegenstände	Niesen, Ausfluss aus Nase und Augen, Schluckbeschwerden, Mundhöhlen- und Rachenentzündung, in schweren Fällen Fieber und Lungenentzündung	Impfung	Heilung möglich
FELV (Katzenleukose)	von Tier zu Tier und über Ausscheidungen, auch Speichel	sehr mannigfaltig, u.a. Infektionsneigung, Tumorbildung, Fruchtbarkeitsstörungen, „chronische Kümmerer"	Bluttest, Impfung bei Virusfreiheit reduziert das Infektionsrisiko	keine, wenn die Krankheit ausgebrochen ist
FIP (Feline Infektiöse Peritonitis)	von Tier zu Tier, von der trächtigen Kätzin auf ungeborene Junge, über kontaminierte Gegenstände	diffus, insbesondere Fieber, allmählicher Verfall, Futterverweigerung, Störungen im Zentralnervensystem (Lähmungen, Krämpfe etc.), Flüssigkeitsansammlung in verschiedenen Körperhöhlen, multiple Entzündungsherde in inneren Organen	Bluttest, leider nicht 100%ig sicher, da ein Antikörpertiter bei einem klinisch gesunden Tier keinerlei Aussage erlaubt über die Wahrscheinlichkeit eines Ausbruches der Krankheit, Impfung verfügbar	keine, wenn die Krankheit ausgebrochen ist
FIV (Erworbene Immunschwäche)	von Tier zu Tier, besonders durch Biss- und Kratzwunden, nicht auf den Menschen übertragbar	ähnlich dem FELV	Bluttest, keine Impfung verfügbar	keine
Andere Erkrankungen				
Endoparasiten	Würmer und Mikroorganismen verschiedenster Art und Übertragungsweise, Bandwürmer z.B. über Flöhe	verschiedene gesundheitliche Probleme, je nach Parasit	Vorsorge und Behandlung durch den Tierarzt	gut
Ektoparasiten	Flöhe, Zecken, Milben etc.	verschiedene Hautprobleme, je nach Parasit	Vorsorge und Behandlung durch den Tierarzt	gut
Pilzerkrankungen	Pilze verschiedenster Art, Übertragung von Tier zu Tier oder über Personen, kontaminierte Gegenstände	haarlose Stellen, Borken, Schuppen, Krusten, mit oder ohne Juckreiz	Identifikation und Behandlung durch den Tierarzt, Impfung ist seit neuestem verfügbar	gut

machen, um festzustellen, ob Zahnstein vorhanden ist. Er wird das gesunde Tier dann impfen. Die Wurmkur sollte man vor der Impfung gemacht haben. Sie können die Impfung auch auf zwei Tierarztbesuche aufteilen, damit die Samtpfote die Behandlung besser verkraftet. Je nachdem, gegen wie viele Krankheiten Sie impfen lassen, müssen Sie das sowieso tun, denn nicht alle Impfstoffe lassen sich kombinieren. Es ist sinnvoll, vor den allerersten Impfungen über Bluttests feststellen zu lassen, ob die Katze negativ für die Viruskrankeiten FELV (Katzenleukose) und FIV (Erworbene Immunschwäche) ist, denn der Ausbruch dieser Krankheiten führt zum Tod der Katze. Kann der Züchter Ihres Lieblings die aktuelle Virusfreiheit der Elterntiere bescheinigen, sind diese Tests nicht nötig, solange Ihr Jungtier keinen Kontakt zu Katzen mit unklarem Virusstatus hat.

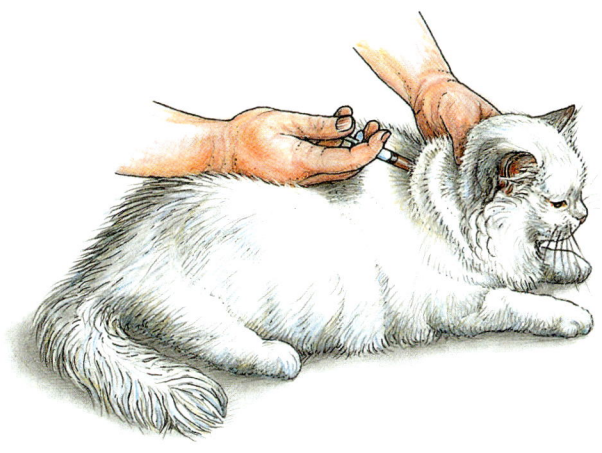

Impfungen gehören zur jährlichen Gesundheitsvorsorge.

Es gibt auch einen Bluttest auf die Viruserkrankung FIP (Feline Infektiöse Peritonitis, Bauchwassersucht), gegen die geimpft werden kann. Leider sind sowohl der Test als auch die Impfung nicht hundertprozentig sicher. Andererseits erkrankt eine gesunde Katze mit guter Immunabwehr auch so gut wie nie akut an Bauchwassersucht, sondern sie wird Antikörper entwickeln, die man als vorübergehend erhöhten Titer gegen Corona-Viren im Blut nachweisen kann.

Krankheiten

In der nebenstehenden Tabelle sind die häufigsten und gefährlichsten Krankheiten der Katze aufgeführt, die entweder durch Viren oder durch äußere und innere Parasiten hervorgerufen werden.

71

Züchten, Genetik und Ausstellung

Wer eine wunderschöne Katze hat, hegt meist zu irgendeiner Zeit einmal den Wunsch, einen Wurf Nachkommen von ihr zu haben. Diesen Wunsch scheint das Argument zu rechtfertigen, zur optimalen Entwicklung einer weiblichen Katze gehöre ein einmaliger Wurf. Dem ist aber nicht so, auch wenn es immer wieder behauptet wird. Medizinisch gesehen ist es weder gesundheitsförderlich noch notwendig, eine Kätzin einmal im Leben Junge haben zu lassen, bevor sie vom Tierarzt kastriert wird. Als Entschuldigung dafür, der Katze mit einem Wurf einen gesundheitlichen Gefallen zu tun, kann dieses Argument jedenfalls nicht herhalten. Eher schon der eigennützige Wunsch, so „ähnliche" Katzen zu haben wie die geliebte, kuschelige Mama. Wenn Sie beabsichtigen, auch nur einen einzigen Wurf Jungtiere aufzuziehen, dann sollten Sie sich dies ganz genau überlegen und im Vorfeld die Konsequenzen durchspielen, die mit der Aufzucht von jungen Katzen verbunden sind.

Fünf wichtige Fragen zuvor

Können Sie die finanzielle Belastung übernehmen?

In dem Moment, indem Sie sich vornehmen zu züchten, fängt der Zähler an zu laufen. Ihre Katze muss vom Tierarzt das Okay bekommen. Gesundheitsvorsorgecheck Ihrer Kätzin, Impfungen und Bluttests kosten Geld. Die Suche nach einem passenden, gesunden Deckkater verursacht Telefonkosten. Die Deckgebühr für Ihre Kätzin liegt zwischen 500,– und 1000,– DM und die Fahrt zum Kater muss bezahlt werden. Die werdende Katzenmutter braucht beste Ernährung. Tierarztkosten für Geburtshilfe können anfallen, die Kleinen müssen ebenso mit dem allerbesten Futter entwöhnt werden. Grundimpfungen und Papiere verschlingen weiteres Geld. Wenn Sie sicher gehen wollen, dass Ihre Babys gute Plätze bekommen, werden Sie Anzeigenkosten mit einplanen müssen. Bei dieser Unternehmung wird Ihnen sehr schnell klar werden, dass die Aufzucht eines Wurfes Sie weit mehr Geld gekostet hat, als Sie durch den Verkauf der Jungtiere zurückbekommen.

Eine Katzenmutter kümmert sich hingebungsvoll um ihre Jungen.

Haben Sie genug Zeit?

Die Katze trägt ungefähr neun Wochen. Mindestens eine Woche vor dem Geburtstermin sollten Sie sich nichts anderes mehr vornehmen und immer wieder, auch nachts, Ihre Katze im Blick behalten. Die gesamte Tragzeit und besonders die Tage vor dem Geburtstermin sollten für die Kätzin ruhig und ohne große Störungen ablaufen. Dafür müssen Sie sorgen. Katzen entbinden meist ohne größere Probleme. Dennoch ist es notwendig, dass man während des ganzen Geburtsvorganges dabei ist. Besonders erstgebärende Kätzinnen können durch das Ereignis völlig durcheinander sein und falsch reagieren. Dann müssen Sie eingreifen, die Katze beruhigen, sie wieder ins Nest bringen und sich vorübergehend um die Jungen kümmern, wenn sie sie nicht verlieren wollen. Die langhaarige Katzenmama braucht noch mehr Fellpflege als sonst. Sind Sie berufstätig, sollten Sie auf jeden Fall für diese Zeit Urlaub nehmen. Pflege und Aufzucht der Katzenkinder macht viel Arbeit. Die langhaarigen Katzenbabys müssen von klein auf geduldig und spielerisch an die Fellpflege gewöhnt werden, die sie ein Leben lang brauchen. Können Sie dies neben Ihren üblichen Tätigkeiten bewältigen?

Haben Sie genug Platz?

Wenn Sie wollen, dass sich Ihre Katzenkinder wohlbehütet entwickeln können, brauchen Sie einen gesonderten Raum innerhalb der Wohnung. Die Kätzchen müssen sich frei und sicher bewegen können, ohne von Durchgangsverkehr, Kindern und anderen Haustieren gestört zu werden. Von der ersten Lebensminute an brauchen sie auch verständnisvollen Kontakt mit Menschen. Können Sie Ihrer zukünftigen Katzenmutter entsprechende Räumlichkeiten für eine ungestörte, aber menschenbezogene Aufzucht ihrer Jungen bieten?

Werden Sie die emotionalen Belastungen ertragen?

Selten macht man sich vor einem Wurf über die schlimmen und traurigen Dinge Gedanken, die bei der Aufzucht kleiner Kätzchen passieren können. Jungtiere und Mutterkatzen können schwer krank werden oder sterben. Wenn alles glücklich verlaufen ist, kommt der Moment, in dem man sich von allen oder einigen der Kleinen durch den Verkauf trennen muss. Sie haben sie vielleicht selbst abgenabelt, ihre ganze Entwicklung erlebt, besondere Lieblinge unter den Babys, aber sie können nicht alle behalten. Haben Sie die Geduld und das Stehvermögen, die allerbesten Plätze für Ihre Zöglinge zu finden, sich von ihnen zu trennen und alles zu verkraften, was davor auf Sie zukommen kann?

Kätzchen rundum gesund großzuziehen, ist keine leichte Aufgabe.

Ist Ihre Katze zuchttauglich?

Die gesundheitliche Seite dieser Frage kann Ihr Tierarzt abklären. Er wird die Kätzin gründlich untersuchen und feststellen, wie gut sie entwickelt ist und in welcher Kondition sie sich befindet. Ob die Katze dem Zuchtstandard der Rasse entspricht, müssen Sie auf einer Katzenausstellung von Richtern beurteilen lassen. Nur gesunde, gut entwickelte, standardtypische Tiere sind zuchtgeeignet. Auf der Ausstellung erhält das Tier dann die Formnote „vorzüglich". Manche Vereine knüpfen die Zuchteignung nicht an Formnoten, Sie können theoretisch mit jeder Katze züchten, die eine authentische Ahnentafel besitzt. In Ihrem eigenen Interesse sollten Sie jedoch wirklich nur mit einem vielversprechenden, gesunden Tier züchten, ganz gleich ob Katze oder Kater.

Nur völlig gesunde, gut entwickelte und standardtypische Tiere sind zuchtgeeignet.

75

Die Kombination von Tabbyfarben mit Weiß wird noch nicht sehr lange als Farbschlag bei den Perserkatzen und ihren Verwandten gezüchtet, hat aber ihren eigenen Reiz.

„Was hast du nun von Papa geerbt, was ich nicht habe? Oder hab ich es von Mama?"

Es ist eine ernste Entscheidung, die Sie fällen müssen. Nur wenn Sie **alle** Fragen sich selbst gegenüber ehrlich mit „Ja" beantworten können, haben Sie es sich nicht zu leicht gemacht. Nur dann kommen Ihre Katzenbabys aus einer verantwortungsvollen Kinderstube.

Ohne Genetik geht es nicht

Katzen zu züchten und Katzen Junge haben zu lassen, weil man einen schönen Kater und eine schöne Kätzin hat, sind zwei ganz verschiedene Dinge. Züchten bedeutet, ganz gezielt an einer Katzenrasse zu arbeiten, nicht ohne die Verantwortung zu vergessen, die der Züchter trotz all seiner Begeisterung für seine Katzen hat. Er muss Jungtiere, mit denen er nicht weiter züchtet, gut unterbringen und entsprechend

78

weniger züchten, wenn seine Katzenrasse nicht so beliebt oder weniger bekannt ist. Zuchtprogramme dauern viele Jahre, oft wird eine Lebensaufgabe daraus. Der Züchter muss ein Grundwissen über die Vorgänge der Vererbung haben, denn sonst kann er seine Zucht nicht sinnvoll planen. Und ohne Planung werden Katzen allenfalls vermehrt. Viele Katzenzüchter scheuen sich leider, sich in die Materie einzuarbeiten – im Gegensatz zu Kleintierzüchtern, die sich in der Genetik ihrer Vögel oder Kaninchen oft wirklich gut auskennen.

Einige Grundregeln der Genetik sollen hier vorgestellt werden. Dieses Kapitel soll eine Einführung in die Vererbungslehre sein, in der die wissenschaftlichen Hintergründe sehr stark vereinfacht sind und manche Fragen nicht behandelt werden können. Es soll Katzenzüchter anregen, sich in der Fachliteratur oder in Gesprächen mit anderen Züchtern weiter zu informieren.

Was ist Genetik?

Vererbungslehre oder **Genetik** ist ein Forschungsgebiet der Biologie. Es beschäftigt sich damit, wie Eigenschaften und Merkmale von Lebewesen (Erbanlagen oder Gene) über die Generationen weitergegeben werden. In der Praxis der Zucht von Tieren und Pflanzen können die wissenschaftlichen Erkenntnisse angewandt werden, um statistische Voraussagen zu machen, wie die Nachkommenschaft ausfallen wird. Schwächen und Erbkrankheiten sollen auf diese Weise vermieden und bestimmte Erscheinungsbilder – zum Beispiel eine ganz bestimmte Fellfarbe bei einer Katze – gezielt gezüchtet werden.

Was sind Gene?

Die „Bauelemente" aller Lebewesen sind winzige Einheiten, die **Zellen** genannt werden. Ein Organismus, je nachdem, wie hoch entwickelt und wie groß er ist, besteht aus vielen Milliarden dieser hochkomplizierten Einheiten. Sie erfüllen im Verband alle Funktionen, die das Leben des Organismus ermöglichen.

Die einzelne Zelle verfügt grundsätzlich über die gesamte „Lebensinformation", führt aber im Organismus in Zusammenarbeit mit anderen Zellen und in räumlicher Organisation als **Organ** nur bestimmte Aufgaben aus.

Die Lebensinformation hat ihren Sitz im **Zellkern**. In chemisch verschlüsselter Form, bestehend aus organischen Molekülen, ähnlich dem Text in Büchern einer Bibliothek oder der „Software" eines Rechners, sind die Einzelinformationen gespeichert und ablesbar. Die fadenförmigen Einheiten, auf denen diese Erbinformation im Zellkern liegen, nennt man **Chromosomen,** die Einzelinformationen darauf werden

79

Gene genannt. In den Genen sind in einer bestimmten Abfolge von Molekülen alle Anleitungen für den Bau und die Funktion des ganzen Organismus festgelegt. Je nachdem, an welcher Stelle des Körpers die Zelle sitzt, werden unterschiedliche Informationen aus der Erbsubstanz abgerufen und ausgeführt. Bestimmte Hautzellen haben beispielsweise Gene für Haarfarbe und Fellstruktur in Benutzung, in einer Leberzelle dagegen sind Gene für bestimmte Enzyme aktiv.

Jede Körperzelle der Katze enthält 38 Chromosomen im Zellkern, jeweils 19 von jedem Elternteil. Die Keimzellen, also Eizelle und Samenzelle, enthalten jeweils 19 Chromosomen. Erst bei der Befruchtung entsteht durch Verschmelzung der Zellkerne der Keimzellen die befruchtete Eizelle (Zygote), aus der der neue Organismus wachsen kann. Die gesamte Erbinformation ist also doppelt vorhanden, in Form von einander entsprechenden Chromosomenpaaren. Jeweils ein Chromosom dieser Paare stammt von einem der beiden Elternteile. Bis auf ein einziges Paar werden sie als homologe Chromosomen oder **Autosomen** bezeichnet und mit Nummern gekennzeichnet. Ein einziges Paar besteht aus ungleichen, also nicht homologen Chromosomen. Das sind die **Heterosomen** oder Geschlechtschromosomen X und Y. Weibliche Katzen besitzen zwei X-Chromosomen, männliche ein X- und ein Y-Chromosom. Die Bezeichnungen X und Y wurden für diese ungleichen Chromosomen wissenschaftlich festgelegt.

Zellkern

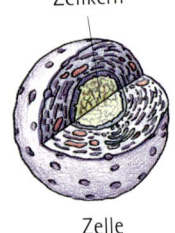

Zelle

Das große Feld zeigt die Autosomen der Katze. Im kleinen Feld sind die Geschlechtschromosomen dargestellt: links die XY-Chromosomen des Katers, rechts die XX-Chromosomen der Katze. Alle Chromosomen befinden sich im Zellkern.

Alle Gene oder Einzelmerkmale eines Individuums zusammen, die es auf seinen Chromosomen besitzt, bezeichnet man als **Genotyp**. Die Ausprägung der Merkmale im äußeren Erscheinungsbild – also nur die sichtbaren Eigenschaften wie Körperbau, Augenfarbe, Haarstruktur und Fellfarbe – bilden den **Phänotyp** des einzelnen Lebewesens.

Gene, die bekannt sind, werden mit Buchstaben gekennzeichnet. Bei jedem der 19 Chromosomenpaare der Katze entsprechen sich die beiden homologen Chromosomen genau in Art, Anzahl und Reihenfolge der Gene, die darauf verschlüsselt sind. Den Platz eines bestimmten Erbmerkmals auf dem Chromosom nennt man **Genort**. Einander entsprechende Gene, die jeweils auf demselben Genort der beiden Chromosomen eines Paares liegen, werden als **Allele** bezeichnet.

Beispiel: Besitzt eine Katze auf beiden homologen Chromosomen das Gen A für Agouti (Wildfarbe), so ist sie **reinerbig (homozygot)** für dieses Allel: AA. Sie kann nur das Gen A an ihre Nachkommen weitergeben. Besitzt sie aber ein Allel A und das andere a (ohne Wildfarbe, verändert in der Ausprägung gegenüber A, Mutation, siehe unten), dann ist die Katze **mischerbig (heterozygot)** für dieses Allel: Aa. Sie kann sowohl das Gen A wie auch das Gen a an die Nachkommen vererben.

Die Fellfarben

- Das Gen für die **Wildfarbe** (Tarnzeichnung) aller Katzen wird mit **Agouti** bezeichnet. Wildfärbung zeigt sich als dunklere Tupfung, Tigerstreifen, Rosetten oder Maserung auf hellerem Untergrund. Das Muster entsteht, weil Pigment in jedem einzelnen Haar nicht gleichmäßig verteilt, sondern in einzelnen dunklen und hellen Bändern eingelagert wird.

- Die verschiedenen Musterungen, in denen sich die Wildfarbe zeigen kann, nennt man **Tabby.** Die Gene für die verschiedenen Muster werden mit T, T^a und t^b (siehe Tabelle Fellgene, S. 93) bezeichnet. Jede Katze besitzt Tabby-Gene, aber sie wird nur dann Tabbymuster zeigen, wenn sie dazu das Agouti-Gen A trägt.

- Trägt ein Tier kein Agouti (aa), ist es ist einfarbig. Aus dem Englischen kommt die Bezeichnung **Solid** für Perser und Exotic ohne Wildfarbe (siehe Tabelle S. 94).

Haarbänderung bei Agouti

Mutationen

Wenn sich ein Gen im Laufe der Evolution verändert hat und diese Veränderung so weiter vererbt, nennt man dies eine **Mutation.** Mutierte Gene steuern zwar immer noch dasselbe Merkmal, führen aber zu einer anderen Ausprägung. Nicht-Agouti a ist eine Mutation des Gens A für Wildfarbe. Wildkatzen in der Natur, die diese Mutation im Erbgut besitzen, sind schwarz. Der schwarze Panter ist ein Nicht-Agouti-Leopard.

Ein anderes Beispiel für Mutationen ist die Serie der Gene, die die Pigmentbildung im Haar steuern: B = Schwarz, b = Chocolate (schokoladenbraun), b^l = Cinnamon (zimtfarben); b und b^l sind Mutationen von B.

Ein Gen ist **dominant,** wenn es auf jeden Fall sichtbar in Erscheinung tritt, auch wenn es nur von einem Elternteil her (mischerbig)

■ Eine schwarze Katze trägt kein Gen für Wild-farbe in ihrem Erbgut.

vorliegt. Dominante Gene werden mit Großbuchstaben bezeichnet. Meist sind die Wildtypgene dominant, die **Mutanten** rezessiv. Ein **rezessives** Gen ist dem dominanten Gen in der Weise unterlegen, dass es bei dessen Anwesenheit nicht sichtbar in Erscheinung tritt. Es kann nur dann zur Ausprägung kommen, wenn es von beiden Elternteilen her vererbt wurde, also reinerbig vorliegt. Rezessive Gene werden mit Kleinbuchstaben bezeichnet.

Beispiel: Agouti (Wildfarbe) A		
Bezeichnung	genetische Ausstattung Genotyp	sichtbare Ausprägung Phänotyp
reinerbig	AA	Tabby
mischerbig	Aa	Tabby
rezessives Gen, reinerbig	aa	einfarbig ohne Tabby

82

Feste Regeln und Zufall

Wenn eine Eizelle der Mutter mit einer Samenzelle des Vaters bei der Befruchtung verschmilzt, kann durch nachfolgende Zellteilungen ein neues Lebewesen heranwachsen. Die befruchtete Eizelle und alle Körperzellen teilen sich so, dass jede neue Zelle wieder den gesamten doppelten Chromosomensatz enthält. Diese Zellteilung nennt man **erbgleiche Teilung** oder **Mitose**. Schon vor der eigentlichen Zellteilung wird das gesamte Erbmaterial identisch verdoppelt und dann an die beiden Tochterzellen in jeweils gleicher Ausstattung weitergegeben.

Bei der Entstehung der Keimzellen hingegen nimmt die Zellteilung einen anderen Verlauf. Ei- und Samenzellen werden durch die **Reduktionsteilung** oder **Meiose** gebildet. Dabei wird der Chromosomensatz halbiert, denn sonst würde sich die Anzahl der Chromosomen sich bei jeder Befruchtung verdoppeln. Die Nachkommen wären dann nicht lebensfähig. Die Keimzellen der Katze (Eizellen und Samenzellen) enthalten also jeweils 19 Einzelchromosomen, erst durch die Befruchtung kommt der komplette Satz von 38 Chromosomen wieder zustande. Die Meiose ist ein komplizierter, mehrstufiger Prozess, bei

Ausgefallene Farben bei Persern: links das schokoladenbraune Chocolate, die drei Geschwister sind chocolate tabby.

Ei- und Samenzellen werden durch die Reduktionsteilung oder Meiose gebildet. Dabei wird der Chromosomensatz halbiert. Dies ist nötig, sonst würde er sich bei jeder Befruchtung verdoppeln und die Nachkommen wären nicht lebensfähig.

Bei jeder Befruchtung entsteht eine neue Kombination der Gene von beiden Elternteilen. Deshalb sind keine zwei Nachkommen eines Elternpaares gleich.

dem nicht nur die Chromosomenpaare getrennt werden, sondern auch Stücke von Chromosomen untereinander ausgetauscht werden können. Dabei entsteht eine Umordnung und Durchmischung der Gene, die zufallsgesteuert ist und in jeder neuen Generation gewährleistet, dass eine Vielfalt an Variationsmöglichkeiten bestehen bleibt. Die verschiedenen Kombinationen in der Zusammensetzung der Gene aller zurückliegenden Generationen eröffnet Spielräume für das Aussehen der Tiere, aber zuallererst für die arterhaltende Anpassungsfähigkeit an sich verändernde Umwelt- und Lebensbedingungen.

Keine zwei Nachkommen eines Elternpaares außer eineiigen Zwillingen haben identische genetische Ausstattungen. Die zufallsgesteuerte Verteilung der Gene ist die **kreative Komponente** bei der Vererbung.

Es gibt auch eine **konservative Komponente** der Vererbung. Mitte des vorigen Jahrhunderts entdeckte der böhmische Mönch Gregor Mendel durch Kreuzung verschiedenfarbiger Blumen im Klostergarten, dass es Gesetzmäßigkeiten gibt, mit denen Erbanlagen von einer Generation an die andere weitergegeben werden. Zuerst durch Beobachtung und dann in Tausenden von Kreuzungsversuchen mit Pflanzen fand er

Bei dieser Silber Tabby liegt die dunkle Farbe wie ein Schleier auf dem weißen Fell.

heraus, dass die Vererbung bestimmter Eigenschaften statistisch gesehen immer in konstanten Zahlenverhältnissen geschieht. Er formulierte diese Erkenntisse und sie dienen uns heute als „die mendelschen Regeln" dazu, gewisse statistische Voraussagen über die Nachkommen einer bestimmten Verpaarung zu machen, wenn wir Katzen züchten wollen.

In der Natur erlauben beide Komponenten zusammen, die konservative wie die kreative, die Erhaltung der Art sowie die Anpassung an veränderte Lebensumstände durch die Variation – aus dem Zusammenspiel von festen Regeln und dem Zufall.

Wie entstehen Kater und Kätzinnen?

Bei der Befruchtung gibt jeder Elternteil über seine Keimzelle ein Chromosom des ungleichen Chromosomenpaares (Heterosomen, Geschlechtschromosomen) an den Nachkommen weiter. Durch die Ungleichheit dieser Chromosomen entstehen je nach Kombination männliche und weibliche Tiere.
- Der Kater besitzt die Chromosomen XY und bildet Samenzellen mit X und Samenzellen mit Y.
- Die Kätzin besitzt die Chromosomen XX und bildet Eizellen mit X.
Daraus ergeben sich folgende Kombinationsmöglichkeiten bei der Befruchtung:

Entstehung männlicher und weiblicher Nachkommen		
Kätzin \ Kater	X	Y
X	XX weiblich	XY männlich
X	XX weiblich	XY männlich

Dieses Schema der Verteilung auf die Nachkommen gilt auch für alle anderen Chromosomen (Autosomen). Bei der Erklärung der Kreuzungsanalyse (siehe S. 89) verwenden wir dieselbe Form der Gitternetztabelle (Schachbrett), um die Kombinationsmöglichkeiten bestimmter Farbgene vorauszusagen. Diese Art der Darstellung erlaubt auch, die wahrscheinliche Anzahl von Jungtieren einer gewünschten Farbe innerhalb der Nachkommenschaft aus einer bestimmten Verpaarung zu berechnen.

Zuchtplanung

Sich die besten Ausstellungssiegerkatzen zu kaufen und zu glauben, dass daraus automatisch bei der Kreuzung wieder Ausstellungssieger hervorgehen, ist wohl der größte Trugschluss, dem ein ehrgeiziger Katzenzuchtanfänger unterliegen kann. Dies zeugt nur davon, dass keinerlei genetisches Grundwissen vorhanden war oder wenigstens der Wille, sich dieses anzueignen. Eher schon war ein großer Geldbeutel vorhanden, denn solche Supersieger müssen viel teurer bezahlt werden als weniger prämierte, aber zuchtgeeignete Katzen.

Sinnvolle Katzenzucht bedeutet, von Anfang an eine Auswahl zu treffen, die guten und die weniger guten Punkte gegeneinander abzuwägen und dann die Verpaarungen mit dem Ziel zu planen, die Rasse schrittweise zu verbessern. Verbesserung ist hier gemeint im Sinne der im Rassestandard vorgegebenen äußerlichen Merkmale. Diese Merkmale werden auf Ausstellungen bewertet, auf denen sich der Züchter der Konkurrenz der anderen Züchter vor erfahrenen Richtern stellt. Er braucht diesen Vergleich, um in seiner eigenen Zucht weiterarbeiten zu können. Das Schwierigste an der Kunst des Züchtens ist der Weg zu einem bestimmten Zuchtziel. Zwei Prinzipien, Auslese und gemäßigte Inzucht, in umsichtig geplanter Kombination, bilden die beste Grundlage für die Katzenzucht. Beide haben Vor- und Nachteile, die nicht außer Acht gelassen werden dürfen.

Schon früh muss sich der Züchter überlegen, welches Jungtier er behalten und wie er mit ihm weiterzüchten will.

In der Natur findet die härteste **Auslese** (Selektion) statt: Dem an die gegebenen Lebensumstände am besten angepassten Individuum wird der Vorrang gegeben. Es sind die sinnvollsten Auslesekriterien, denn es geht um das Überleben und die Erhaltung der Art.

In der Katzenzucht bestimmen wir die Kriterien – meist nach unseren subjektiven Vorstellungen von Schönheit. Dabei sollten aber **körperliche und psychische Gesundheit** unserer Katzen an oberster Stelle stehen. Erst dann sollten die Eigenschaften folgen, die wir nach unserer menschlichen Ästhetik als schön empfinden, wie beispielsweise Fellbeschaffenheit und Farbe. Für das Überleben der Art bedeuten unsere züchterischen Kriterien nichts. Der Katzenzüchter leistet für die Natur keinen wirklich sinnvollen Beitrag, sondern eher dafür, dass unsere menschlichen Wünsche nach einem „schönen" Tier befriedigt werden. Es gibt genügend Beispiele für fragliche Auslesekriterien bei der Zucht von Heim-, Haus- und Kleintieren. Niemand braucht deshalb

Dieses Kätzchen mit dem wilden Blick und den noch wilderen Schnurrhaaren ist weiblich, denn die Farbe Rot vererbt sich nach einem speziellen Mechanismus.

mit dem Züchten aufzuhören, aber wir sollten ab und zu auch an die Verantwortung denken, die wir mit der Tierzucht für diese Lebewesen übernommen haben und gelegentlich unsere züchterischen Auswahlkriterien in Frage stellen.

In der Katzenzucht sind dominante oder reinerbig vorliegende Merkmale leicht zu selektieren. Die rezessiven Merkmale, wenn sie mischerbig getragen werden, können über Generationen versteckt weitergegeben werden. Um mehr über diese Gene zu erfahren, kann man als Züchter bis zu einem gewissen Grad durch die Methode der gemäßigten Inzucht weiterkommen.

Unter **Inzucht** versteht man Verpaarungen von miteinander verwandten Tieren. Verpaarung von Geschwistern untereinander oder Kindern mit Eltern ist engste Inzucht, auch Inzestzucht genannt. Sie führt zur größtmöglichen Reinerbigkeit und die Vielfalt der Erbanlagen wird dabei am meisten eingeschränkt. Genkombinationen, die die Lebensfähigkeit vermindern, treten sofort in den Nachkommen auf. Entweder sind sie tödlich, zeigen sich in Missbildungen oder in anderen physiologischen Störungen. Bei der Nutztierzüchtung wird so die Leistungsfähigkeit einer Rasse getestet. Es ist die mit den größten Risiken behaftete Art der Inzucht.

Unter **gemäßigter Inzucht** versteht man Verpaarungen weniger nah verwandter Tiere wie Großeltern mit Enkeln, Tanten oder Onkel mit Neffen oder Nichten oder Cousins mit Cousinen. Durch die Verwandtschaft liegen hier immer noch viele Gene gemeinsam vor, aber wir haben nicht die äußerst starke Einschränkung der Vielfalt der Erbanlagen. Damit besteht auch nicht so sehr die Gefahr, dass Defekte wie bei der Inzestzucht auftreten.

Wiederholte Inzucht innerhalb einer Linie kann zu so genannter **Inzuchtdepression** führen, denn nicht nur die positiven Eigenschaften werden durch die fortgesetzte Einschränkung des Genpools gefestigt, sondern auch die nachteiligen. Katzen reagieren sehr empfindlich auf Inzucht. Schon nach wenigen Generationen können Degenerationserscheinungen zum Aussterben der Linie führen. Dieses Risikos wegen sollte in der Katzenzucht mit so wenig Inzucht wie unbedingt nötig gearbeitet werden.

Werden Elterntiere aus zwei vollständig fremden Inzuchtlinien (= keinerlei genetische Verwandschaft) miteinander verpaart, so wird das als „Outcross" bezeichnet. Nur die direkten Nachkommen der Verpaarung zweier verschiedener Inzuchtlinien, auch F1-Hybriden

---

Eigenschaften eines guten Züchters

→ Zeit und Geduld,

→ Erfahrung und ein guter Blick für die Charakteristika seiner Rasse, wie Vitalität, Wesen und Schönheitsmerkmale,

→ Erkennen und Auswahl der gewünschten Merkmale, Beschränkung auf eine überschaubare Anzahl an Auswahlkriterien,

→ Gesundheit und rassetypisches Wesen sollten ihm wichtiger sein als Farbe und andere äußerliche Merkmale,

→ Anwendung von Auslese, kombiniert mit gemäßigter Inzucht bei der Planung seines Zuchtzieles.

genannt, sind oft viel größer, gesünder und fruchtbarer. Dieser **Hetero-siseffekt** kommt dadurch zustande, dass bei diesen Tieren der ersten Nachzuchtgeneration der höchste Grad an Mischerbigkeit auftritt, die größtmögliche Vielfalt an Genen.

Ein „Fehler" eines Zuchttieres ist nicht innerhalb einer einzigen Generation auszugleichen, indem ein Partner zur Paarung verwendet wird, der diesen Fehler nicht hat. Zur Erinnerung: Gene werden in Einheiten und Gengruppen weiter vererbt, die sich unter den Nachkommen zufallsbedingt aufspalten und verteilen. Damit wird klar: ein bestimmtes Merkmal kann nur über mehrere bis viele Generationen nach und nach durch gezielte Auswahl der Nachkommen und entsprechend gewählte Folgeverpaarungen verändert werden.

Die gletschergrünen Augen, pigmentierten Lippen und Lider der Chinchilla verrraten, dass sie wildfarben ist.

Kreuzungsanalyse

Wenn der Züchter das Zuchtziel und die genetischen Grundlagen der Gene, um die es ihm geht, kennt, dann kann er für bestimmte Verpaarungen **Kreuzungsanalysen** erstellen: Auf den Seiten 90 und 91 finden sich Beispiele, die sich auch zum Üben eignen, wenn man andere Gene einsetzt.

So erstellt man eine Kreuzungsanalyse

Wir verwenden zur Darstellung eine Gitternetztabelle (Schachbrett), in der in der obersten waagrechten Zeile die Gene des Katers und in der ersten senkrechten Spalte die Gene der Kätzin eingetragen werden. Die Genkombinationen der beiden, die dann bei den Nachkommen auftreten, tragen wir in die Kästchen ein, die an den Kreuzungspunkten senkrecht unter dem jeweiligen Gen des Katers und waagrecht vom jeweiligen Gen der Kätzin liegen.

Kreuzungsanalysen mit den Genen für die Fellzeichnung
Wildfarbe: Agouti A und Einfarbigkeit Nicht–Agouti a.

Beispiel 2a*⁾: Einer der Paarungspartner ist mischerbig für Agouti:
Kater Aa, produziert Samenzellen mit A und a, Kätzin ist reinerbig Agouti AA,
produziert nur Eizellen mit A.

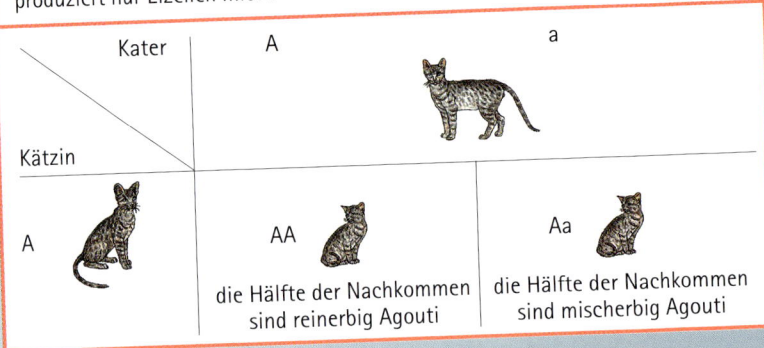

Kater	A	a
Kätzin		
A	AA	Aa
	die Hälfte der Nachkommen sind reinerbig Agouti	die Hälfte der Nachkommen sind mischerbig Agouti

*⁾ In beiden Fällen ergeben sich bei umgekehrter Konstellation die gleichen Zahlenverhältnisse

Beispiel 2b*⁾: Kater reinerbig Nicht-Agouti aa, produziert nur Samenzellen mit a, Kätzin reinerbig Agouti AA, produziert nur Eizellen mit A.

Kater		a
Kätzin		
A		Aa
		alle Nachkommen sind mischerbig Agouti

Beispiel 1: Kater reinerbig Agouti AA, produziert nur Samenzellen mit A, Kätzin reinerbig Agouti AA, produziert nur Eizellen mit A.

Kater		A
Kätzin		
A		AA
		alle Nachkommen sind reinerbig Agouti

Beispiel 3: Kater reinerbig Nicht-Agouti aa, produziert nur Samenzellen mit a, Kätzin reinerbig Nicht-Agouti aa, produziert nur Eizellen mit a.

Kater		a
Kätzin		
a		aa
		alle Nachkommen sind reinerbig Nicht-Agouti

Beispiel 4a: Beide Paarungspartner sind mischerbig für Agouti Aa: Kater Aa, produziert Samenzellen mit A und a, Kätzin Aa, produziert Eizellen mit A und a.

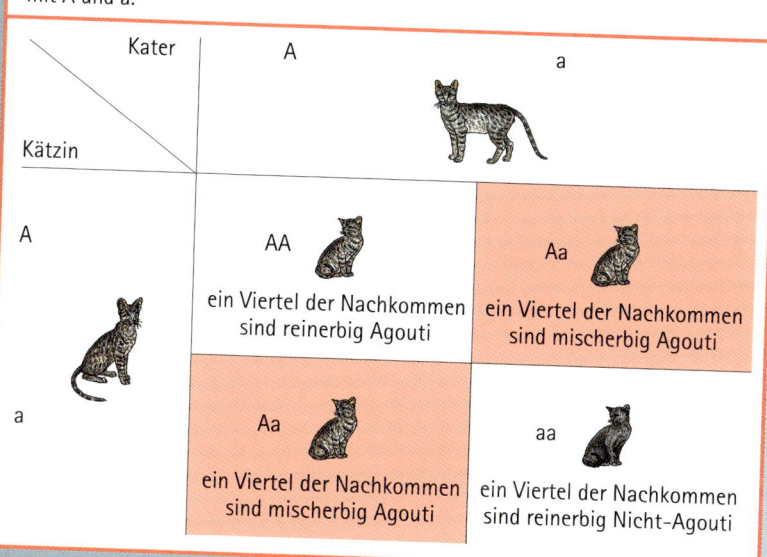

Kater / Kätzin	A	a
A	AA ein Viertel der Nachkommen sind reinerbig Agouti	Aa ein Viertel der Nachkommen sind mischerbig Agouti
a	Aa ein Viertel der Nachkommen sind mischerbig Agouti	aa ein Viertel der Nachkommen sind reinerbig Nicht-Agouti

Beispiel 4b: Kater reinerbig Nicht-Agouti aa, produziert nur Samenzellen mit a, Kätzin mischerbig Agouti Aa, produziert Eizellen mit A und a.

Kater / Kätzin	a
A	Aa die Hälfte der Nachkommen sind mischerbig Agouti
a	aa die Hälfte der Nachkommen sind reinerbig Nicht-Agouti

Beispiel 5: Kater reinerbig Blau BBdd, produziert Samenzellen mit Bd, Kätzin mischerbig Schwarz BBDd, produziert Eizellen mit BD und Bd.

Kater / Kätzin	Bd
BD	BBDd die Hälfte der Nachkommen sind schwarz (Blauträger)
Bd	BBdd die Hälfte der Nachkommen sind blau

Dieses Kreuzungsschema ist ebenso anwendbar, wenn man zwei oder mehr Gene zugleich im Vererbungsvorgang berücksichtigen will. Man spricht dann vom di- oder multihybriden Erbgang. Die Analyse solcher Erbgänge ist äußerst aufwendig, deshalb sollten in einer Kreuzungsanalyse sollten immer möglichst wenige Gene auf einmal betrachtet werden. Es ist einfacher, mehrere Analysen hintereinander durchzuführen und sich jedesmal nur auf einzelne Gene zu konzentrieren.

Die Kreuzungsanalyse gibt einen statistischen Überblick über die zu erwartenden Ergebnisse. Kreuzungsanalysen beziehen sich immer auf die **Gesamtheit der theoretischen Nachkommen** aus einer Verpaarung. Das heißt, nicht in einem, sondern in allen denkbaren Würfen ein und derselben beiden Paarungspartner fallen die verschiedenen Möglichkeiten der Genotypkombinationen in einem bestimmten Zahlenverhältnis. Wenn der Züchter an rezessiven Genen interessiert ist, kann er nicht unbedingt erwarten, dass sie sich im ersten Wurf zeigen. Um zu erfahren, ob ein Zuchttier ein bestimmtes rezessives Gen trägt, kann man eine Testverpaarung mit einem Partner machen, der dieses rezessive Gen reinerbig trägt und es auf jeden Fall weitergibt. Für den Fall, dass der andere Paarungspartner das Gen tatsächlich rezessiv mitträgt, erhöht sich damit die Wahrscheinlichkeit auf fünfzig Prozent, dass es in den Nachkommen auftreten wird.

Unsere Beispieltabelle (S. 91, Beispiel 5) zeigt dies für die Gene Schwarz, dominant, und Blau, rezessiv. Eines der Elterntiere ist schwarz, trägt aber Blau nicht sichtbar (Genotyp BBDd), das andere Elterntier ist blau (Genotyp Bbdd). Die Hälfte der Nachkommen ist blau, die andere ist schwarz und trägt blau.

Ob ein Tier rezessive Gene trägt, ist nur dann aus dem Stammbaum zu entnehmen, wenn einer der Eltern reinerbig für das rezessive Gen war, das heißt, es mit Sicherheit an das Tier weitergegeben hat.

Frauchen hat die Pralinen gemaust, das Knisterpapier gehört mir!

Gene für Felleigenschaften und Farben

Den Katzenzüchter interessieren vor allem die Gene, die das Erscheinungsbild einer Katze bestimmen, also Farben, Haarlänge und Muster des Felles. Alle anerkannten Fellgene für die in diesem Buch beschriebenen Katzenrassen finden sich in der nebenstehenden Tabelle.

Dem Züchter sollte klar sein, dass andere Gene, etwa für die Körperform oder erbliche Fehler, wie falsche Zahnstellung, fehlende Zähne, Vielzehigkeit, PKD (siehe Seite 67) oder angeborene Stoffwechselstörungen ebenso wichtig sind. Über deren Vererbungsmechanismus, soweit dieser bekannt ist, muss er Bescheid wissen, damit er solche Erbkrankheiten in der Zuchtpraxis ausschließen kann.

Symbol	Name	Beschreibung
	Fellgene der Perser und Exotic Shorthair	
A	Agouti	Wildfarbe Tabby, einzelne Haare gebändert in schwarz und gelblich braun
a	Non-Agouti	einfarbig, Haare nicht gebändert
B	Schwarz	schwarzes Pigment (Melanin)
b	Chocolate	veränderte Verteilung des schwarzen Pigments im Haar führt zu brauner Farbe
C	Vollfarbe	maximale Pigmentierung
c^s	Maskenzeichnung	dunkler pigmentiertes Fell an Extremitäten, Gesicht und Schwanz
D	dichte Pigmentierung	Pigmentkörner im Haar dicht gepackt
d	verdünnte Pigmentierung	Pigmentkörner im Haar verdünnt, z.B. Schwarz zu Blau
I	Inhibitor	unterdrückt Pigment in Bereichen des Haars, Silber
i	normale Pigmentierung	volle Entwicklung der Pigmentierung im Haar
O	Rot	wandelt schwarzes Pigment in rotes um, wird geschlechtsgebunden vererbt
o	normale Farbe	normale Pigmentierung, kein Rot
S	Scheckung	variable weiße Flecken im Fell
s	normale Farbe	keine weißen Flecken
T	Mackerel	Tabbymuster gestreift
T^a	Ticking	Tabbymuster Abessinier-Ticking
t^b	Blotched	Tabbymuster gestromt, Räderzeichnung, Classic
W	Dominant Weiß	weißes Fell, Iris oder odd-eyed, maskiert alle anderen Farben, kann zu Taubheit führen
w	normale Farbe	volle Ausprägung aller anderen Farbgene
L	Kurzhaar	normal kurze Haarlänge
l	Langhaar	alle drei Haararten sind länger als normal

Die **Genotypen der Farben** sind in den folgenden Übersichten dargestellt. Schwarz kann auch mit Rot und Blau kann mit Creme kombiniert sein, dies wird aber nur bei den weiblichen Tieren als Schildpatt (Tortie) sichtbar (siehe S. 96). Alle Tabby-Farben (Tabelle 2, S. 95) kommen entsprechend den Solid-Farben vor und können aus den Tabellen kombiniert werden, ebenso die Musterungen bei Tabbys (Tabelle 3, S. 95).

Genkombinationen der Solid–Farben (Tabelle 1)

Genetische Grund-lage (Genotyp)	Aussehen (Phänotyp)	Genetische Grund-lage (Genotyp)	Aussehen (Phänotyp)
		aabbD-	chocolate
aaB-D-	schwarz	aabbD-I-	chocolate smoke
aaB-D-I-	black smoke	aabbD-S-	chocolate /weiß gescheckt
aaB-D-S-	schwarz /weiß gescheckt	aabbD-I-S-	chocolate smoke/weiß gescheckt
aaB-D-I-S-	black smoke/weiß gescheckt	aabbD-W-	weiß, genetisch chocolate
aaB-D-W-	weiß, genetisch schwarz	aabbD-I-W-	weiß, genetisch chocolate smoke
aaB-D-I-W-	weiß, genetisch black smoke	aabbD-S-W-	weiß, genetisch chocolate / weiß gescheckt
aaB-D-S-W-	weiß, genetisch schwarz / weiß gescheckt	aabbD-I-S-W-	weiß, genetisch chocolate smoke/ weiß gescheckt
aaB-D-I-S-W-	weiß, genetisch black smoke/ weiß gescheckt		
		aabbdd	lilac
aaB-dd	blau	aabbddI-	lilac smoke
aaB-ddI-	blue smoke	aabbddS-	lilac/weiß gescheckt
aaB-ddS-	blau/weiß gescheckt	aabbddI-S-	lilac smoke/weiß gescheckt
aaB-ddI-S-	blue smoke/weiß gescheckt	aabbddW-	weiß, genetisch lilac
aaB-ddW-	weiß, genetisch blau	aabbddI-W-	weiß, genetisch lilac smoke
aaB-ddI-W-	weiß, genetisch blue smoke	aabbddS-W-	weiß, genetisch lilac/ weiß gescheckt
aaB-ddS-W-	weiß, genetisch blau/ weiß gescheckt	aabbddI-S-W-	weiß, genetisch lilac smoke/ weiß gescheckt
aaB-ddI-S-W-	weiß, genetisch blue smoke/ weiß gescheckt		
		aabbD-O(O)	rot
aaB-D-O(O)	rot	aabbD-I-O(O)	red smoke
aaB-D-I-O(O)	red smoke	aabbD-S-O(O)	rot/weiß gescheckt
aaB-D-S-O(O)	rot/weiß gescheckt	aabbD-I-S-O(O)	red smoke/weiß gescheckt
aaB-D-I-S-O(O)	red smoke/weiß gescheckt	aabbD-W-O(O)	weiß, genetisch rot
aaB-D-W-O(O)	weiß, genetisch rot	aabbD-I-W-O(O)	weiß, genetisch red smoke
aaB-D-I-W-O(O)	weiß, genetisch red smoke	aabbD-S-W-O(O)	weiß, genetisch rot/ weiß gescheckt
aaB-D-S-W-O(O)	weiß, genetisch rot/ weiß gescheckt	aabbD-I-S-W-O(O)	weiß, genetisch red smoke/ weiß gescheckt
aaB-D-I-S-W-O(O)	weiß, genetisch red smoke/ weiß gescheckt		
		aabbddO(O)	creme
aaB-ddO(O)	creme	aabbddI-O(O)	creme smoke
aaB-ddI-O(O)	creme smoke	aabbddS-O(O)	creme/ weiß gescheckt
aaB-ddS-O(O)	creme/ weiß gescheckt	aabbddI-S-O(O)	creme smoke/weiß gescheckt
aaB-ddI-S-O(O)	creme smoke/weiß gescheckt	aabbddW-O(O)	weiß, genetisch creme
aaB-ddW-O(O)	weiß, genetisch creme	aabbddI-W-O(O)	weiß, genetisch creme smoke
aaB-ddI-W-O(O)	weiß, genetisch creme smoke	aabbddS-W-O(O)	weiß, genetisch creme/ weiß gescheckt
aaB-ddS-W-O(O)	weiß, genetisch creme/ weiß gescheckt	aabbddI-S-W-O(O)	weiß, genetisch creme smoke/ weiß gescheckt
aaB-ddI-S-W-O(O)	weiß, genetisch creme smoke/ weiß gescheckt		

Genotypen der Tabby-Farben (Tabelle 2)

Genotyp	Farbe
A–B–D–	schwarz tabby
A–B–c^{s}c^{s}D–	seal tabby point: (nur Colourpoint)
A–B–dd	blau tabby
A–B–c^{s}c^{s}dd	blue tabby point: (nur Colourpoint)
A–bbD–	chocolate tabby
A–bbc^{s}c^{s}D–	chocolate tabby point, (nur Colourpoint)
A–bbdd	lilac tabby
A–bbc^{s}c^{s}dd	lilac tabby point: (nur Colourpoint)

alle obengenannten in Kombination mit Silber:

A–B–D–I–; A–bb–D–I–; A–B–ddl–; A–bbddl–	silber-tabby, shaded silver, shell

alle obengenannten in Kombination mit Rot:

A–B–D–O(O)	red tabby
A–B–dd–O(O)	creme tabby

alle obengenannten in Kombination mit Rot und Silber:

A–B–D–I–O(O)	cameo, shaded cameo und shell cameo
A–B–dd–I–O(O)	creme cameo, creme cameo shaded, creme shell cameo

■ Erklärung zu Rot: O entspricht beim Kater einfarbig rot, bei der Kätzin tortie (Schildpatt); OO entspricht bei der Kätzin einfarbig rot.

Weitere Kombinationsmöglichkeiten von Fellgenen (Tabelle 3)

Musterung bei Tabby:

A–T^a–	geticktes Tabby
A–T–	mackerel Tabby
A–t^{b}t^b	blotched (classic) Tabby

■ Erklärung für die Tabellen >1, 2, und 3<: Bei den Allelen, die nur einmal mit Bindestrich in der Tabelle aufgeführt sind, kann anstelle des Bindestrichs jeweils das dominante oder das rezessive Allel eingesetzt werden, je nachdem ob das Tier reinerbig oder mischerbig für dieses Allel ist.

■ Tabby-Katzen wie diese goldene haben immer ein weißes Kinn, pigmentierte Lippen und Augenlider und dunkle Schnurrhaarkissen.

Die Vererbung von Rot

Das Gen für Rot O (engl.: orange) verändert das schwarze Haarpigment chemisch in ein intensiv gelb-rotes. Dazu kommt, dass das Gen nur auf dem weiblichen X-Chromosom liegt. Bei diesem Spezialfall der Vererbung hängt das Ergebnis nun davon ab, welcher der Elternteile das Gen (O) trägt. Die Kätzin besitzt zwei X-Chromosomen, von denen keines (Kätzin einfarbig, nicht rot), eines (Kätzin schildpatt) oder beide (Kätzin rot) das Gen tragen können. Der Kater besitzt ein X-Chromosom, das das Gen tragen kann (Kater rot) oder nicht (Kater einfarbig, nicht rot). Die verschiedenen Möglichkeiten, die sich für die Nachkommenschaft ergeben, sind in den folgenden Tabellen dargestellt.

Rote und Schildpatt-Katzen zeigen immer eine mehr oder weniger starke Tabby-Zeichnung in den roten Fellbereichen, auch wenn sie

Das geschlechtsgebunden vererbte Rot

Kätzin \ Kater	nicht rot XY		rot X^OY	
nicht rot XX	♀ nicht rot XX	♂ nicht rot XY	♀ tortie XX°	♂ nicht rot XY
tortie XX°	♀ tortie XX°	♂ nicht rot XY	♀ rot X^OX^O	♂ rot X^OY
	♀ nicht rot XX	♂ rot X^OY	♀ tortie XX°	♂ nicht rot XY
rot X^OX^O	♀ tortie XX°	♂ rot X^OY	♀ rot X^OX^O	♂ rot X^OY

Nicht-Agouti sind. Das liegt an einer Besonderheit des Nicht-Agouti-Gens a: Es wirkt nur auf das schwarze Pigment, nicht auf das rote, und so ist es bei diesen Katzen schwierig, Agouti- von Nicht-Agouti-Tieren zu unterscheiden.

■ Ach, die Genetik ist so anstrengend ...

Weiße Katzen – ein Sonderfall

Bei weißen Katzen (Gen W, dominant Weiß, epistatisches Weiß: überdeckt alle anderen Farben) besteht ein erhöhtes Risiko für ein- oder beidseitige Taubheit. Die Entstehung und Vererbung dieser frühembryonalen Entwicklungsstörung im Innenohr im Zusammenhang mit der Farbe ist wissenschaftlich noch nicht geklärt. Aber es gibt Hinweise, dass das Auftreten von Taubheit bei weißen Katzen damit zusammenhängen könnte, dass beide Gene für Weiß und für Scheckung gleichzeitig vorliegen. Deshalb sind Verpaarungen von Weißscheckung mit Weiß nicht zu empfehlen. Weiß-mit-Weiß-Verpaarungen sind generell verboten. Dies sind für die Züchter sinnvolle Vorschriften der Vereine, um die Hörbehinderung bei weißen Katzen zu vermeiden. Es sollte auf jeden Fall keine Reinerbigkeit für eines der beiden oder gar beide Gene innerhalb der Nachkommenschaft auftreten. Bei der Zucht mit weißen Katzen ist ein Hörfähigkeitstest (Audiometrie) für die jeweiligen Elterntiere vorgeschrieben, der die Funktionstüchtigkeit des Gehörs nachweist.

Die Farben der Perser und Exotic Shorthair

Solids und Smokes

Perser und Exotic in **Weiß** gibt es mit verschiedenen Augenfarben: Dunkelblau, Kupfer oder Dunkelorange und Odd-eyed, das heißt, mit einem dunkelblauen und einem kupfer- bis orangefarbenen Auge.

Solid: diese Katzen sind einfarbig schwarz, blau, chocolate, lilac, rot oder creme und sollen kupfer- bis dunkelorangefarbene Augen haben.

Schildpatt kommt nur bei weiblichen Tieren vor (siehe geschlechtsgebundene Vererbung von Rot, Seite 96) in den Farben Schwarz Schildpatt, Blau Schildpatt, Chocolate Schildpatt und Lilac Schildpatt, auch hier soll die Augenfarbe Kupfer oder Dunkelorange sein.

Smoke kommt zustande, wenn das Gen für Silber (I, Inhibitor) bei Non-Agouti-Tieren vorliegt, welches das Pigment im Haar vermindert und in Richtung der Haarspitze verschiebt. Diese Katzen sehen aus, als hätten sie einen feinen Mantel aus Farbe auf weißem Untergrund.

Die Farben Golden Tabby und Silber Shaded und Shell können wie hier innerhalb eines Wurfes vorkommen.

Früher wurden sie auch als rauchfarben bezeichnet, eine gute Beschreibung dieser Fellfärbungen. Es gibt sie in Schwarz Smoke, Blau Smoke, Chocolate Smoke, Lilac Smoke, Rot Smoke, Creme Smoke sowie den korrespondierenden Schildpatts. Augenfarbe auch hier kupfer bis dunkelorange.

Tabbys, Silber und Golden, Shaded und Shell

Dies sind Agouti-Tiere in den Fellmustern gestromt, getigert und getupft. Sie sollen kupfer- bis dunkelorangefarbene Augen haben und es gibt sie in allen Solid-Farben und als Schildpatt.

Silber Tabbys tragen das Inhibitorgen I zusätzlich zum Agouti. Außer kupfer- und orangefarbenen Augen gibt es auch Katzen mit grüner Augenfarbe, die in getrennten Klassen auf der Ausstellung gerichtet werden. Silber Tabbys kommen wie die Tabbys in allen Solid-Farben und den korrespondierenden Schildpatt vor.

Golden Tabby ist eigentlich eine normale Tabby, die aus Silber- und Shaded-Verpaarungen hervorgeht. Dadurch ist der Ton des gelblichen Anteils der Tabby-Haarbänderung viel wärmer und der schwarze Pigmentbereich im Haar wesentlich geringer und zur Haarspitze hin verschoben. Nur noch etwa ein Achtel des Haares enthält Pigment. Genetisch gesehen ist die Entstehung dieser Farbe noch nicht ganz geklärt. Golden Tabbys zeigen eine sehr weiche, warme, intensiv leuchtende, gelbbräunliche Grundfarbe und eine schemenhaft abgemilderte Tabby-Zeichnung. Stark schwarz pigmentiert sind jedoch die Augenränder, der Nasenspiegel, die Lippen und die Schnurrhaarkissen.

Liegt die Musterung getigert oder getupft bei den vorgenannten Tabbys, Silber Tabbys oder Golden Tabbys zugrunde, erlaubt der Standard bei üppigem Fell eine etwas unklarere Zeichnung.

Shaded und **Shell** werden die Tabby-Varianten genannt, bei denen nicht

99

gestromt, getigert oder getupft als Muster vorliegen sondern Tipping, dazu das Silber-Gen Inhibitor I. Bei Shell ist die äußerste Form der Silberung erreicht. Bei diesen Katzen ist das Pigment soweit in die Haarspitze verschoben, dass sie fast weiß erscheinen mit einem kaum erkennbaren Hauch von Farbe in den äußersten Spitzen der Haare. Das Tipping kommt durch die Tabby-Musterung T^a (Abessinier-Ticking) zustande, die keinerlei Streifen, Tupfen oder Marmorierungen mehr zeigt. In England (und früher auch bei uns) werden diese Tiere als Chinchilla bezeichnet.

Die Augenfarbe der **Silber Shaded** und **Shell** soll grün oder blaugrün sein, wobei grün bevorzugt wird. Die Augen müssen schwarz umrandet sein, ein eindeutiges Zeichen dafür, dass die Tiere genetisch Agouti sind. In England wird die blaugrüne Augenfarbe bevorzugt: Gletschergrün.

Golden Shaded und **Shell** sind die korrespondierenden Farben ohne Silber. Das ganze Fell hat eine warme Sandfarbe, die an Gold erinnert, nur die Haarspitzen (engl. = tips, tipping) sind pigmentiert. Die Augenfarbe ist wie bei den Silber Shaded und Shell grün oder blaugrün, wobei auch hier im Standard grün bevorzugt wird. Die Augenlider müssen schwarz pigmentiert sein.

Rot- und Cremetabbys und die entsprechenden Schildpatt mit Silber werden **Cameo** genannt. Ist zwei Drittel des Haares silbern, werden die Tiere als Shaded Cameo, sind sieben Achtel des Haares silbern, werden sie als Shell Cameo bezeichnet.

Weißscheckung

Tabby Van, Harlekin, Bi-, und Tricolour sind Agouti-Katzen mit verschiedenen Graden an Weißscheckung. Dies führt zu Zweifarbigkeit (Bicolour), beziehungsweise Dreifarbigkeit bei den Schildpatt-Weibchen (Tricolour), wenn höchsten zwei Drittel des Fells, mindestens aber die Hälfte farbig sind, der Rest aber weiß. Die Augenfarbe dieser Katzen soll Kupfer bis Dunkelorange sein.

Bei Harlekin und Van müssen fünf Sechstel des Körpers weiß und ein Sechstel farbig sein. Die Van-Zeichnung als solche beschränkt die farbigen Bereiche auf das Gesicht oberhalb der Augen bis hinter die Ohren, den Schwanz und wenn überhaupt, kleine Farbflecken entlang der Rückenlinie. Die Ohren selbst müssen weiß sein.

Die zugrunde liegenden Tabby-Musterungen sind hier wieder

Rechte Seite: Dieses Katzenkind ist Shell Cameo.

Verteilung des Pigents im einzelnen Haar bei
1 + 2: Shell,
3: Shaded,
4: Silber Tabby und
5: Tabby

1   2   3   4   5

gestromt, getigert oder getupft. Die Augenfarbe kann tiefblau, kupfer oder dunkelorange, oder odd-eyed sein (ein Auge tiefblau, das andere kupfer oder dunkelorange).

Non-Tabby Van, Harlekin, Bi-, und Tricolour (auch als Calico bezeichnet) entsprechen in der Weißscheckung den Tabbys, sind aber Nicht-Agouti. Das heißt, sie tragen keine Tabby-Musterung (Ausnahme Rot und Schildpatt, siehe dort), sondern einfarbige Flecken auf ansonsten weißem Fell.

Durch die Einkreuzung der Maskenzeichnung – hier Seal Point Colourpoint, kamen viele neue Farbvariationen bei den Perserkatzen dazu.

Maskenfarben

Perser und Exotic Colourpoint zeichnen sich durch die temperaturabhängige Maskenfärbung der Siamkatzen aus, gepaart mit der tiefblauen Augenfarbe, die so dunkel und klar wie möglich sein soll. Das Gen ist rezessiv, die Farben Seal Point, Blue Point, Chocolate Point, Lilac Point, Red Point, Creme Point und die entsprechenden Schildpatt (engl: Tortoiseshell, Tortie) Seal Tortie Point, Blue Tortie Point, Chocolate Tortie Point und Lilac Tortie Point zugelassen.

Mit **Tabby Point Colourpoint** werden Perser und Exotic Shorthair bezeichnet, wenn Sie neben den oben genannten Pointfarben Agouti sind, also Tabby-Musterung in den pigmentierten Körperbereichen aufweisen. Der Standard differenziert hier nicht zwischen den einzelnen Tabby-Mustern. Wie bei allen Maskentieren müssen die Augen ein dunkles, klares Tiefblau zeigen.

Die Katzenausstellung

Katzenausstellungen werden auf der ganzen Welt durchgeführt. Auf diesen Shows werden Rassekatzen ausgebildeten Richtern vorgeführt, die sie beurteilen und dem Rassestandard entsprechend bewerten. Das ist besonders wichtig für Leute, die züchten wollen. Auf diesen Schauen hat auch ein großes Publikum die Möglichkeit, Rassekatzen zu sehen, zu vergleichen und sich über ihre Eigenschaften als Haustiere zu informieren.

Was gehört zur Ausstellung der eigenen Katze?

Ausstellungen finden das ganze Jahr über statt. Sie können Ihre Katze ausstellen, wenn sie einen Stammbaum eines eingetragenen Vereines besitzt. Dazu müssen die Impfungen gegen Katzenseuche, Katzenschnupfen und Tollwut gültig sein. Die Termine, Orte und Anmeldeadressen der Veranstalter kann man über den Zuchtverein, in Spezialmagazinen über Katzen und das Internet erfahren. Vielleicht weist der Züchter Ihrer Katze Sie auch darauf hin. Es ist ganz nützlich, wenn Sie

103

zuerst einmal ohne Katze eine Ausstellung besuchen und sich an Ort und Stelle anschauen, wie so etwas funktioniert. Sie können dort Aussteller und Vereinsfunktionäre fragen, was zu tun ist, wenn Sie Ihr Tier zum ersten Mal ausstellen wollen. Auch bei „Katzenstammtischen", die es von den Vereinen an vielen Orten gibt, bekommen Sie als Anfänger praktischen Rat und Informationen. Wenn Sie Ihre Katze für eine Ausstellung in Ihrer Nähe anmelden wollen, dann sollten Sie mindestens fünf Wochen vor dem Termin die Meldeunterlagen beim Veranstalter anfordern. Sobald Sie Ihre schriftliche Anmeldung gemacht haben, müssen Sie die Meldegebühr bezahlen.

> Wenn man seine Katze ausstellen möchte, ist die erste Voraussetzung, dass die Katze einen gültigen Stammbaum eines eingetragenen Vereines besitzt.

So bin ich ausstellungsfein, oder?

Vorbereitung

Am Abend vor der Ausstellung packen Sie Ihre Siebensachen. Sie brauchen eine dreiteilige Vorhanggarnitur für den Ausstellungskäfig, der etwa 70 × 70 × 70 cm misst, dazu einen farblich passenden Bodenbelag in der entsprechenden Größe, eine kleine Ausstellungstoilette, Futter- und Wasserschälchen und einen kuscheligen Liegeplatz. Das kann ein Körbchen oder ein Kissen sein, ganz nach dem Geschmack der Katze und ihrer Besitzer.

Wer mit seiner Perserkatze zur Ausstellung möchte, hat in den Wochen vorher einiges zu tun. Das Katzenfell muss völlig frei von Filz und Knoten sein. Dies setzt voraus, dass das Tier in den Monaten vorher gute und vor allem regelmäßige Fellpflege erfahren hat. Am Anfang des Winters ist das Fell am üppigsten und, wenn gut gepflegt, auch am schönsten. Der Sommer dagegen ist nicht die beste Zeit der Perserkatzen für Ausstellungen. Das Fell zeigt dann nicht seine volle Pracht. Kätzinnen, die einen Wurf hatten, stehen ebenfalls nicht so gut im Fell, denn sie haaren in der Zeit der Aufzucht ihrer Babys ab.

Einige Tage vor der Ausstellung gibt ein Bad mit einem auf die jeweilige Fellfarbe abgestimmten Shampoo der Katzenschönheit den letzten Schliff. Bei Katzen in verdünnten Farben (Creme, Blau, Lilac) müssen die dunklen Grannenhaare gezupft sein, da das Fell sonst zu dunkel wirkt. Das Gesicht, besonders die Region um die Augen, darf keinerlei Augenabsonderungen zeigen. Tränenspuren, die besonders

unansehnliche rötlich-braune Verfärbungen hinterlassen, müssen mit einem Spezialreiniger entfernt werden. Weiße Katzen neigen zu gelben Schattierungen im Fell. Das ist absolut unerwünscht, die Katze soll im wahrsten Sinne des Wortes blütenweiß sein. Im Zoofachhandel gibt es auch für dieses Problem spezielle Reiniger, aber es versteht sich von selbst, dass eine schmuddelige Katze nicht „über Nacht" schneeweiß gewaschen werden kann. Regelmäßige und konsequente Pflege im Vorfeld ist dazu nötig.

Die Haarbüschel an den Ohrenspitzen werden vorsichtig abgeschnitten, denn die Öhrchen sollen klein und abgerundet wirken. Um die Schwanzspitze abgerundet erscheinen zu lassen und den Schwanz optisch zu verkürzen, zupft man dezent die äußersten Haare an der Spitze aus. Vorsicht, nicht zu viel! Eventuell hat auch der Züchter Ihrer Katze noch ein paar Stylingtipps auf Lager, um den Typ Ihres Salonlöwen besonders zur Geltung zu bringen.

Spuren von Puder, die noch im Fell sein könnten, deuten eher auf eine Husch-Husch-Aktion hin als auf eine gründliche und konsequente Pflege und werden von den Richtern negativ kommentiert.

Auf Ausstellungen kann man häufig spezielle Puder für helle oder dunkle Katzen erwerben, ebenso Spülungen für trockenes oder beanspruchtes Katzenfell. Die Auswahl dort ist meist größer als im üblichen Zoofachhandel, deshalb sollten Sie sich dort umsehen, wenn Sie die Pflegemittel für Ihren Liebling zusammenstellen. Halten Sie sich immer

Vor der Ausstellung gehört Pudern manchmal, kämmen immer zu den Vorbereitungen.

Die Richter auf der Ausstellung achten bei langhaarigen Katzen ganz besonders auf den Pflegezustand des Fells.

105

A.C.F.

Best Variety
AKRM e.V.

Schöne Prämien für den Besitzer. Wovon die Katze wohl träumt?

genau an die Gebrauchsanweisungen auf der Packung, wenn Sie diese Mittel verwenden.

Zu guter Letzt schneiden Sie mit einem Nagelclipper noch vorsichtig die äußersten Krallenspitzen Ihrer Katze. Das Krallenschneiden sollten Sie sich entweder vom Züchter oder vom Tierarzt zeigen lassen.

Es ist selbstverständlich, dass eine Ausstellungskatze in exzellenter gesundheitlicher Verfassung sein muss. Ungezieferbefall ist absolut inakzeptabel. Nur ein rundum gesundes Tier wird eine schöne, seidige Behaarung zeigen, auch die teuersten Pflegeprodukte können die Zeichen einer schlechten Kondition nicht vertuschen.

Spätestens dreißig Tage vor der Ausstellung müssen Sie eventuell abgelaufene Impfungen, speziell Tollwut, Katzenseuche und Katzenschnupfen beim Tierarzt auffrischen lassen. Sehen Sie also rechtzeitig in den Impfpass! Die Fristen werden genau kontrolliert, wenn Sie auf der Ausstellung anreisen, denn das Risiko für die Katzen, sich auf der Ausstellung anzustecken, soll klein gehalten werden.

Der Tag der Show

Wenn Sie am Einlass der Ausstellung ankommen, müssen Sie als erstes mit Ihrer Katze durch die Tierarztkontrolle. Sie brauchen dazu die Meldebestätigung für die Ausstellung und den gültigen Impfpass. Anschließend suchen Sie Ihren Käfig in der Halle, die Nummer haben Sie nach der Tierarztkontrolle vom Veranstalter erhalten. Richten Sie den Käfig mit den Vorhängen, Katzenkistchen und Kuschelplatz ein und machen es Ihrer Katze so bequem wie möglich. Meist bleibt dann vor dem Richten noch Zeit, sich die Halle und die Richtertische anzuschauen, vielleicht zu frühstücken oder die Ausstellernachbarn kennenzulernen. Erfahrenere Aussteller freuen sich, Freunde von früheren Ausstellungen zu treffen oder diskutieren über Allerlei rund um die Katzen und die Richter. Am späten Vormittag beginnt dann das Richten selbst und zieht sich meist bis in den Nachmittag. Man geht mit seiner Katze ein- oder mehrmals zum Richter, je nachdem, ob er sie für die Qualifikation zum Rassesieger oder zur Teilnahme an der Auswahl zur „Best in Show" (Ausstellungssieger) nochmals sehen will.

Der Ausstellungstag wird beendet mit der Siegerehrung auf der Bühne, zu der Aussteller und Publikum hinströmen. Dabei werden die erfolgreichen Katzen der Show dem Publikum öffentlich präsentiert. Wenn Ihre Katze diesmal nicht dabei war, sollten Sie nicht enttäuscht sein – es gibt andere Austellungen mit anderen Richtern und anderer Konkurrenz. Es ist auch Glück oder Pech dabei – wie beim Sport. Seien Sie deshalb ein fairer Verlierer! Ein Ausstellungstag ist für alle Teilnehmer, Katzen und Menschen, spannend, anstrengend und informativ. Man kann Kontakte knüpfen und beim Zuschauen und Zuhören bei den Richtern eine Menge über Katzen erfahren, vor allem aber – man kann die Schönsten von ihnen bewundern.

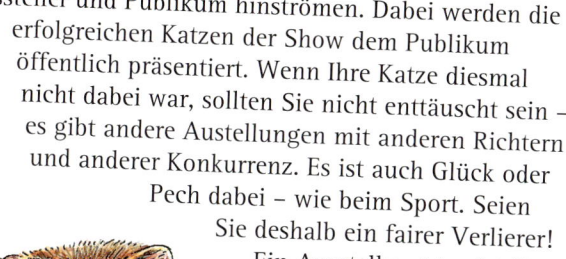

Vereine, Adressen, Literatur

Einige internationale Dachorganisationen der Zuchtvereine

Fédération Internationale Féline (F.I.Fe.)
Secretariat: P. Bydlinski
Q. Little Dene, Lenham Heath
R. Maidstone, Kent ME 17 2BS, UK
Tel. 0044-1622/858510
Fax 0044-1622/850908

The Governing Council of the Cat Fancy (GCCF)
4-6, Penel Orlieu, Bridgewater, Somerset
TA6 3PG, England
Tel. 0044-278/427575

The Cat Fanciers' Association Inc. (CFA)
1805 Atlantic Avenue, PO Box 1005
Manasquan, New Jersey, USA
Tel. 001-908/5289797

Euro-Gus-Cat Association (EGCA)
Präsident: Jürgen F. Stein
Harnackstr. 49
44139 Düsseldorf
Tel. 0231/105567 u. 122868
Fax 0231/105688

International Cat Federation (ICF)
Sekretariat:
Ostheimerstraße 4
63452 Hanau, Deutschland
Tel. und Fax 06181/81414

World Cat Federation (WCF)
Hubertstr. 280
45307 Essen, Deutschland
Tel. 0201/550755 oder 555724

TICA
President: Georgia Morgan
PO Box 2747
Harlingen TX 78551
USA

Katzenzuchtvereine

Für Deutschland, Österreich und die Schweiz sind die Adressen der jeweiligen angeschlossenen Vereine bei den Dachorganisationen zu erhalten.

Literatur

Bücher

Bulla, G.: Katzenlexikon. Rowohlt Taschenbuch Verlag, Hamburg 1998.

Evans, M.: Katzenkinder aufziehen. Verlag E. Ulmer, Stuttgart 1997.

Fogle, B.: Die BLV Enzyklopädie der Katzen. BLV Verlagsgesellschaft, München 1997.

Harris, S. (Hsg.): Katzenrassen. Naturbuch Verlag, Augsburg 1995.

Herrscher, R. und H. Theilig: Der Kosmos-Katzenführer. Kosmos Verlag, Stuttgart 1994.

Leyhausen, P.: Katzenseele. Kosmos Verlag, Stuttgart 1996.

Norten, E. und J. Pütz: Das Hobbythek-Katzenbuch. VGS Verlagsgesellschaft, Köln 1997.

Rixon, A.: Katzen der Welt. Könemann Verlagsgesellschaft, Köln 1996.

Robinson, R.: Genetics for Cat Breeders Third Edition. Butterworth-Heinemann, Oxford 1991.

Tabor, R.: The Rise of the Cat. BBC Books, London 1991.

Tabor, R.: Understanding Cats. David & Charles, Newton Abbot 1995.

Thies, D.: Rassekatzen züchten. Kosmos Verlag, Stuttgart 1997.
Wolff, R.: Katzen. Verlag E. Ulmer, Stuttgart 1984.

Zeitschriften

Katzen extra. Symposion Tierzeitschriften Verlag, Stuttgart.
Geliebte Katze. Gong-Verlag GmbH, Nürnberg.
Vereinszeitschriften der Katzenzuchtvereine

Bildquellen

Monika Balogh, Eislingen: Seite 8.
Rolf Bender, Tholey-Theley: Seite 54.
Caroline Brecher-Schulz, Bonn: Seite 30.
Marie-Luce Hubert & Jean-Louis Klein, Lupstein: Titelbild (groß), Seite 18, 21, 37, 38/39, 51, 62/63, 73, 76/77, 101, 105.
Juniors Bildarchiv, Rupolding: Titelbild (klein), Seite 35 (2x), 98, Umschlagrückseite.
Regina Kuhn, Stuttgart: Seite 1, 6, 7,12, 20, 22, 24, 32, 41, 44, 48, 56, 57, 59, 60, 61, 67, 78, 86, 87, 92, 97, 102, 104.
Hans Reinhard, Heiligkreuzsteinach: Seite 65, 83.
Ulrike Schanz, Heimstetten: Seite 2, 11, 14, 15, 16, 25, 26, 29, 45, 68, 74, 82, 84, 89, 103.

Sämtliche Zeichnungen fertigte Christiane Gottschlich, Berlin, nach Vorlagen der Verfasserinnen.

Die Deutsche Bibliothek – CIP-Einheitsaufnahme

Perser & Co. : Langhaarkatzen und Exotic Shorthair / Eva-Maria Götz ; Gesine Wolf. – Stuttgart (Hohenheim) : Ulmer , 2000
(Heimtiere)
ISBN 3-8001-7487-1

© 2000 Verlag Eugen Ulmer GmbH & Co.
Wollgrasweg 41,
70599 Stuttgart (Hohenheim)
E-Mail: info@ulmer.de
Internet: www.ulmer.de
Printed in Germany
Lektorat: Dr. Nadja Kneissler
Herstellung, Layout & DTP: Ulla Stammel
Druck und Bindung: Georg Appl, Wemding

Danksagung

Bishan war ein roter Perserkater, der frei laufen durfte. Er zog rohes Herz mit Hefeflocken dem Schnitzel vor, das die Nachbarin für alle Katzen der Umgebung jeden Tag bereithielt und wurde 21 Jahre alt. Ihm, Waterlily vom Baloghshof, Kirk und seinen Verwandten von Mutlanti stellvertretend für alle begabten Katzen, die als Models in diesem Buch vorkommen, vielen Dank.

Herzlichen Dank den Menschen, die an diesem Buch mitgewirkt haben: unserer Lektorin Dr. Nadja Kneissler für fachliche Begleitung und Anregung; den Fotografen und der Zeichnerin für ihre einfühlsame Art, die Tiere darzustellen; Hannelore und all jenen, die durch Gespräche und vieles mehr mitgeholfen haben, hier aber nicht einzeln genannt werden können.

110

Register

Abgabealter 27
Agouti 81
Ahnentafel 6
American Shorthair 17
Audiometrie 97
Auslandsreisen 53
Auslese 86
Ausstellung 75, 103
Ausstellungssieger 107
Ausstellungsstandard 8
Automobilklub 53

Baden 46, 47
Befruchtung 84
Beutetier 56

Cat-Sitter-Club 50
Chinchilla 100
Chlamydien 69
Chromosomen 80
Colourpoint 102
Colourpoint Exotic 8
Colourpoint-Perser 8, 14

Dachorganisationen 108
Dominant 82
Durchfall 47

Eingewöhnung 34
Eizelle 80
Erbanlagen 79
Ernährung 56
Erworbene Immunschwäche
  70
Erziehung 34
Exotic Shorthair 8, 14

F.I.Fe., siehe Féderation In-
  ternationale Féline 17
Féderation Internationale Fé-
  line 17
Feline Infektiöse Peritonitis
  70, 71
Felleigenschaften 92, 93, 94
Fellpflege 26
FELV, siehe Katzenleukose
  23, 71
Fieber 69
Filz 48
FIP, siehe Feline Infektiose
  Peritonitis, 70, 71
FIV, siehe Erworbene Im-
  munschwäche 23, 70
Fleisch 61
Fleischfresser 56
Flohbefall 31
Futter 58, 59
Futtermenge 65
Futternapf 31

Gebisskontrolle 69
Gefahren 41
Gene 79
Genetik 72
Genotyp 80
Geschlechtsgebundene Verer-
  bung 96
Gesundheit 56
Gesundheitscheckliste 68
Golden 99
Gras 64
Grundausstattung 28

Haustiere, andere 44
Himalayan 8, 14
Hotel 53
Hygiene 23
Impfung 23, 69
Infektionsrisiko 52

Inzucht 86, 88

Kastration 69
Kater 24
Katzenleukose, FELV 71
Katzenschnupfen 23
Katzenseuche 23
Katzentoilette 28
Kauf 20
Kaufpreis 22
Kaufvertrag 32
Kletterbaum 30
Körperpflege 46
Krallenwetzen 30
Krankheiten 70
Kratzbaum 30
Kreuzungsanalyse 89
Kuschelhöhle 30

Langhaarkatzen 10
Lebensalter 66
Liebhabertier 48
Literatur 108

Mangelerscheinungen 58
Maskenfärbung 14, 102
Medikamente 42
Meiose 83
Meldeunterlagen 104
Menschenkontakt 24
Milch 60
Milchprodukte 60
Mitose 83
Mutation 81

Nährstoffe 56
Nahrungsmittel 58
Notfallapotheke 55

Papasiten 44
Papiere 32
peke face 10
Pekinesengesicht, siehe peke
    face 10
Pension 52
Perserkatze 10
Pflegestelle 52
Phänotyp 80
PKD, siehe Polycystic Kidney
    Disease 67

Pflanzen 42
Polycystic Kidney Disease 67

Rassekatze 6
Reisebüro 52
Reviermarkieren 24, 37
Rezessiv 82
Richter 105
Rot 96

Samenzelle 80
Scheckung 100
Shaded 99
Shell 99
Show 107
Showtyp 10
Silber 99
Smoke 98
Shaded 98
Spezialshampoo 47, 49
Stammbaum 6
Stubenreinheit 36

Tabby 81, 99
Taubheit 97

Tierarztkontrolle 107
Tierheim 52
Tollwut 69
Transportbehälter 28
Trockenfutter 59

Urlaub 50

Vererbung 79
Vergiftungsgefahr 42
Virustest 23

Wärmflasche 55
Wasser 61
Weiß 97
Wildfarbe 81
Wohnungskatzen 40

Zeitschriften 22, 109
Zelle 79
Zellkern 79
Züchter 22
Züchterverein 8
Zuchtkater 24
Zuchtplanung 86